Loïc Chollet

Les Chevaliers teutoniques

De la Terre sainte à la Baltique

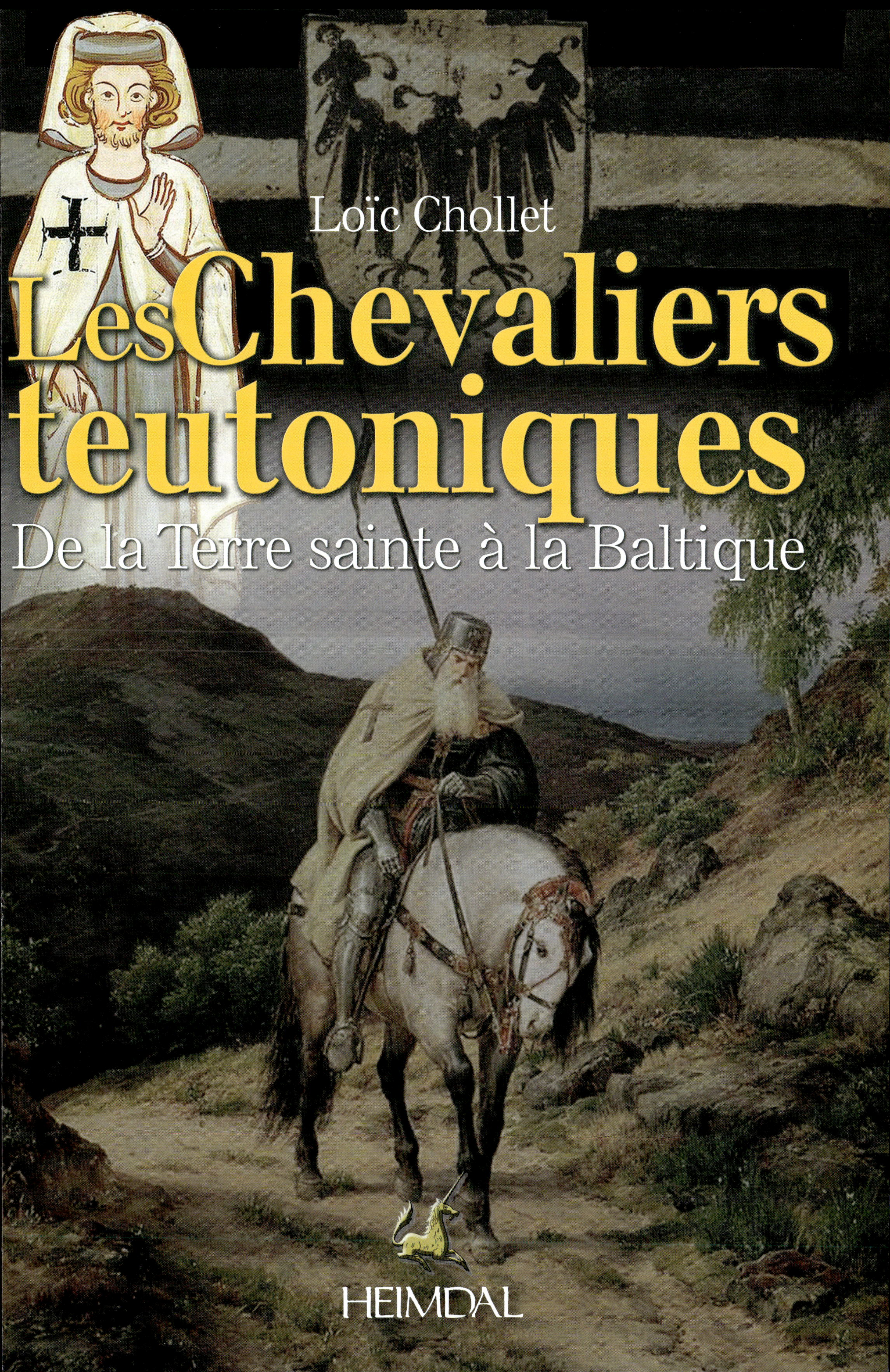

HEIMDAL

Chevaliers teutoniques, première moitié du XVe siècle.
(photo Tomasz Przechlewski.)

Préface

par Rasa Mazeika
Enseignante-chercheuse à l'Université de Toronto. Spécialiste de la croisade balte et de la Lituanie médiévale

Des moines qui auraient prétendument crié *"une épée est notre pape"* aux chrétiens qu'ils attaquaient, des guerriers qui ont participé à la création de la Hanse, le premier empire économique allemand, des croisés qui festoyaient avec leurs ennemis païens. Tels étaient les Chevaliers teutoniques.

À travers cet ouvrage, Loïc Chollet résume habilement et judicieusement l'état actuel de la recherche sur cette thématique. Il replace l'Ordre teutonique et ses croisades dans le contexte des événements en Europe et au Proche-Orient. Il rappelle que le nord-est faisait partie de l'Europe et n'était pas inconnu des hommes et des femmes du Moyen Âge.

De fameux poètes et chroniqueurs français ont été séduits par le romantisme lyrique de la guerre menée par les Teutoniques contre le dernier État païen d'Europe. Une guerre que les papes français ont tantôt encouragé, tantôt tenté de maîtriser. De fait, il est tout à fait approprié de proposer une « nouvelle » histoire des Chevaliers teutoniques. Qui de mieux placé pour expliquer ces guerres au caractère international, qu'un chercheur d'une nation réputée pour sa neutralité, un historien suisse ayant reçu son doctorat à l'Université de Neuchâtel pour sa thèse sur la représentation occidentale de la croisade balte. Son approche équilibrée évite le jugement et l'émotion. Elle suscite un intérêt pour l'histoire de « l'autre guerre de Cent Ans » : la croisade menée par les chevaliers allemands de l'Ordre teutonique sur la rive orientale de la mer Baltique.

Cette « croisade balte » est importante pour l'impact qu'elle va provoquer *a posteriori*, et pas uniquement lors des Premières et Secondes Guerres mondiales. Elle est également significative pour l'histoire médiévale puisque, à l'instar des croisades en Terre sainte, elle annonce aussi bien la mondialisation que les ambitions paneuropéennes. L'un des thèmes forts de ce livre est le caractère international des Teutoniques. L'histoire de ces chevaliers nous permet de comprendre le lien entre la Terre sainte et les croisades en Europe du Nord. En effet, dans les sources médiévales, les combats dans le nord étaient associés aux guerres contre les musulmans. Ainsi, les Lituaniens païens étaient appelés *Sarrasins* encore en 1410, des décennies après le baptême officiel de leur pays.

Pourtant, l'histoire de l'Ordre teutonique n'est pas seulement une longue série de confrontations et de batailles. C'est aussi, au moins parfois, des échanges culturels. Les recherches actuelles montrent un certain ajustement de l'art de la guerre sur le front balte. Ainsi, bien que les Lituaniens conservent leur foi païenne, et sacrifient de temps à autre des chevaliers teutoniques capturés, l'on assiste à des échanges de prisonniers selon les normes occidentales, généralement contre rançon. On remarque parfois une certaine forme de respect et d'amitié entre les élites ennemies, mais également des échanges économiques. La juxtaposition de la conversion et de la conquête semble être une incohérence aux yeux des Modernes, à moins que l'on pense aux relations de l'Occident avec les autres continents, ou au rapport qu'entretient actuellement la majorité de la population mondiale avec la culture américaine.

Durant le Moyen Âge, les Chevaliers teutoniques étaient, par essence, dévoués à la guerre sainte. Pourtant, leur histoire englobe les éternelles questions de justifications des guerres, d'interaction avec des cultures opposées et de résolution des tensions entre la violence idéologique et les problèmes de la vie quotidienne. Ce livre forme une introduction raisonnée à une histoire capitale dans le façonnement de l'Europe.

Folio regroupant les blasons des vingt-neuf Grands-Maîtres de l'Ordre, provenant du *Wappenbuch* (livre d'armoiries) d'Ulrich Rösch (1463-1491), abbé de Saint-Gall. (photo Stiftsbibliothek, Cod. Sang.1084, f.47v.)

Introduction

par Loïc Chollet

Le nom de l'Ordre des Chevaliers teutoniques évoque toutes sortes d'histoires sombres et épiques au lecteur francophone. Moins connus sous nos latitudes que les Templiers et les Hospitaliers, les Teutoniques ont marqué de leurs empreintes de vastes régions d'Europe. La croix noire figurant sur leurs manteaux blancs et les ruines de leurs commanderies imprègnent le paysage autant que l'imaginaire de maints pays, de l'Allemagne aux Républiques baltes. Chantés par les poètes et les romanciers, mis en scène par les peintres et les cinéastes, ces moines-soldats sont devenus, tout comme « nos » Templiers, le symbole d'un Moyen Âge largement fantasmé et recouvert par les brumes des légendes.

La collaboration sans cesse renouvelée entre historiens ou archéologues allemands, polonais, baltes, russes, israéliens, français et anglo-saxons, permet de se faire une idée de ce qu'a été l'Ordre des Chevaliers teutoniques. L'histoire qui s'offre à nous est celle d'une celle d'une corporation internationale, dont les ramifications s'étendent aux quatre coins du monde médiéval. Du Proche-Orient à la Sicile, du Saint-Empire à la Baltique, l'Ordre teutonique cristallise toutes les tensions d'une société où l'idéologie de la croisade cohabite avec le respect dû aux non-chrétiens, où l'éthique de la noblesse catholique rencontre celle des castes guerrières musulmanes, orthodoxes et païennes. Suivre l'épopée de cet ordre religieux-militaire permet non seulement de porter un regard sur des régions relativement méconnues du monde médiéval, mais encore de saisir un aspect souvent oublié lorsque l'on parle du Moyen Âge : son caractère éminemment cosmopolite.

Vue du château de Marienburg (Malbork en Pologne), capitale des Teutoniques jusqu'au XVe siècle. (photo Calveit.)

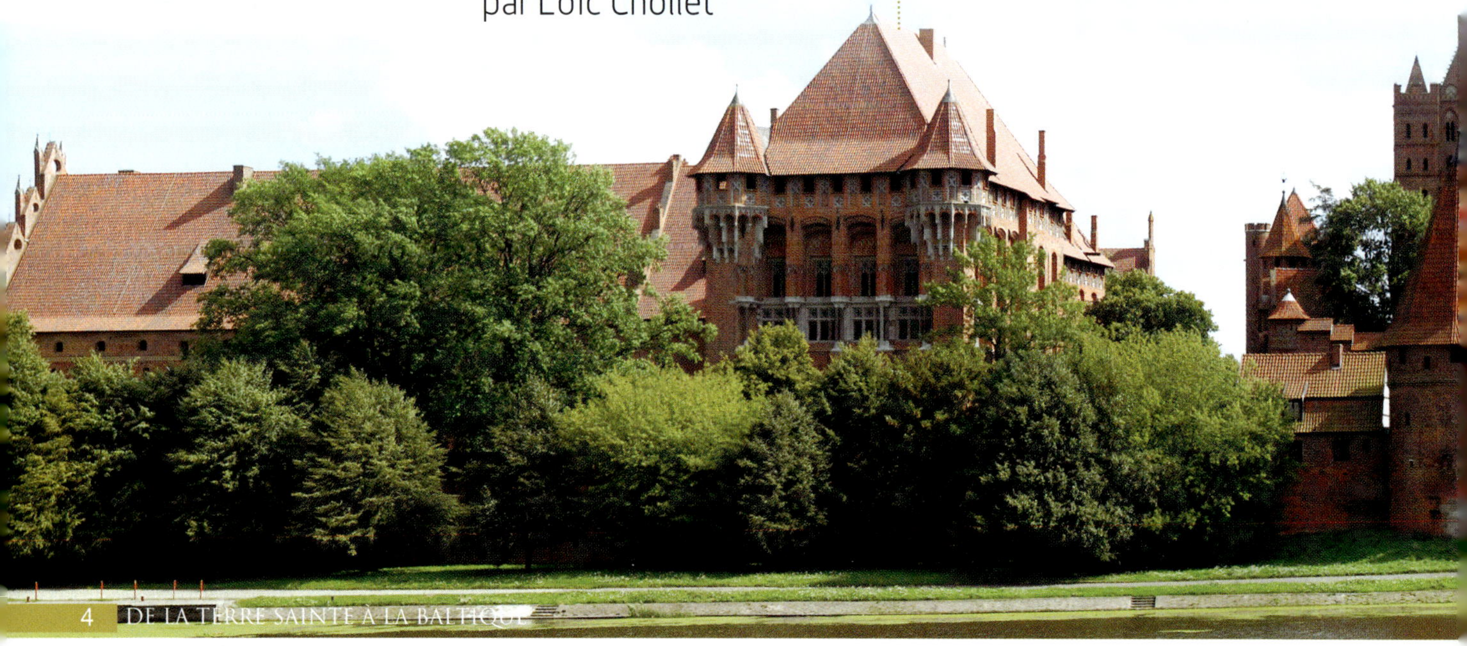

Apparu dans l'Orient des croisades, l'Ordre teutonique a été un acteur essentiel de l'histoire est-européenne. Il a notamment joué un rôle très important dans le processus d'évangélisation de l'une des dernières populations païennes d'Europe, qui vivait au sud-est de la mer Baltique.

La conversion de l'Europe au christianisme s'est faite par vagues, la dernière datant des environs de l'an mil. Deux cent ans après la restauration de l'Empire d'Occident par **Charlemagne** (800), le modèle fait des émules. En 962, **Othon**, duc de Saxe et roi de Germanie, rétablit le Saint-Empire Romain Germanique et entreprend d'étendre la foi chrétienne à ses voisins païens. C'est ainsi que la Scandinavie, la Russie et l'Europe centrale passent au christianisme, dans sa version latine (catholique) ou grecque (orthodoxe). Ce changement n'est toutefois que rarement consécutif à une invasion étrangère ; le plus souvent, c'est un prince païen qui décide de recevoir le christianisme, de l'imposer à son peuple et de se faire couronner. Cela lui permet non seulement d'obtenir un titre royal lui assurant la reconnaissance du Pape et de l'Empereur, mais encore de faire profiter son nouveau royaume des innovations venues de Rome ou de Byzance. Ainsi, l'évangélisation, l'établissement d'un État relativement puissant et l'avènement d'une nouvelle culture influencée par les mondes latin et grec vont de pair dans l'Europe de l'Est et du Nord. Qu'ils se rapprochent du monde catholique ou de Byzance, les nouveaux royaumes slaves, hongrois et scandinaves rejoignent progressivement la civilisation chrétienne.

Toute l'Europe n'est pourtant pas évangélisée lors de ces grands bouleversements. Les steppes couvrant le sud des actuelles Ukraine et Russie sont parcourues par des populations nomades de langue turque, en grande majorité païennes. Certains de ces peuples s'établissent jusqu'en Transylvanie, aux portes du royaume catholique de Hongrie. Le paganisme se maintient surtout en Europe du Nord et dans le pourtour oriental et méridional de la mer Baltique. Des régions entières ont ainsi échappé au double processus d'évangélisation et d'unification étatique des IXe-Xe siècles. De petites principautés slaves se sont notamment maintenues au sud de la Baltique (act. Pologne, Allemagne), là où les rois de Pologne et de Danemark n'ont pas pu imposer leur autorité. Finalement vaincus après plusieurs guerres, les derniers païens de langue slave passent sous le contrôle des rois de Danemark, de Pologne et des ducs de Saxe. Seules les populations baltes et fenniques restent en dehors de ce processus, tout comme les peuples sames vivant au nord de la Russie et des royaumes scandinaves. Au début du XIIIe siècle, la zone de contact entre les mondes chrétiens et païens se déplace à la Baltique orientale et aux Carpates.

Chevaliers de l'Ordre. (photo Fulda-HLB-Aa-122-f.56v.)

Le poète allemand surnommé Tannhäuser portant l'habit de l'Ordre teutonique. La biographie de ce *Minnesänger* étant obscure, on ne sait pas avec certitude s'il a été membre de l'Ordre. *Codex Manesse* (vers 1300). (photo Universität bibliothek, Heidelberg, Cod. Pal. germ. 848, fol. 264r.)

La Terre sainte

Bien qu'il ait connu une certaine célébrité pour son rôle aux marges de l'Europe chrétienne, l'ordre religieux-militaire des Chevaliers teutoniques est originaire de Terre sainte. Sa fondation, son idéologie et son mode de fonctionnement doit beaucoup aux croisades proche-orientales, dont il a été acteur tout au long du XIIIe siècle. Ce premier chapitre porte donc sur les activités de l'Ordre teutonique au Proche-Orient, menées bien souvent en parallèles avec son aventure européenne.

Combat à mort, par Conrade Hirsaugiensis, dans le *Speculum virginum*, vers 1200-1250. (photo Köln, HA, W 276a.)

L'Hôpital des croisés allemands

L'origine de l'Ordre des Chevaliers teutoniques est liée à un hospice situé non loin de Saint-Jean d'Acre, l'une des plus importantes villes de Terre sainte[1]. Fondé, si l'on en croit les récits écrits plus tard par des membres de l'Ordre, autour de 1190 par de pieux marchands de Lübeck et de Brême, cet *hôpital* (selon le terme d'époque) a la particularité d'accueillir des voyageurs de langue allemande. Ceux-ci, relativement nombreux, avaient du mal à se faire entendre de leurs coreligionnaires francophones, lesquels constituaient la majorité des pèlerins et des croisés du Proche-Orient. Rien d'étonnant donc, à ce que les germanophones se soient regroupés en structures d'entraide qui leurs étaient plus ou moins réservées. Des religieux parlant allemand s'occupent ainsi d'entretenir le nouvel établissement et de venir en aide à ceux qui en ont besoin, qu'il s'agisse de pèlerins ou de soldats participant aux combats devant Acre.

L'« hôpital des Allemands » est rapidement parrainé par des princes venus du Saint-Empire Romain Germanique pour participer à la Troisième croisade (1189-1192), parmi lesquels le margrave de Thuringe et le fils de l'empereur **Frédéric Barberousse.** Les institutions politiques et religieuses de la région, largement aux mains des Français, ne sont pas en reste. En mars 1198, une assemblée réunit les princes et les ecclésiastiques allemands alors présents en Terre sainte, mais aussi le patriarche de Jérusalem et d'autres prélats, ainsi que les grands-maîtres du Temple et de l'Hôpital. On décide, alors de créer un nouvel ordre religieux chargé de veiller sur les pèlerins allemands. Une délégation est envoyée auprès du pape **Innocent III**, pour qu'il donne son approbation et dote la nouvelle corporation d'une règle. L'Ordre teutonique est né.

Représentation d'Innocent III, dans le *Compendium Historiae*, par Pierre de Poitiers, vers 1208. (photo British Library, Ms. Cotton Faustina B.VII; fol.69.)

[1] Pour ce chapitre, voir essentiellement N. Morton, *The Teutonic Knights in the Holy Land, 1190-1291*, Woodbridge, 2009 ; et d'une manière plus générale, nous nous référerons aux synthèses de S. Gouguenheim, *Les Chevaliers teutoniques*, Paris, 2007 ; D. Buschinger et M. Olivier, *Les Chevaliers Teutoniques*, Paris, 2007 ; H. Bogdan, *Les Chevaliers teutoniques*, Paris, 1995 ; K. Toomaspoeg, *Histoire des Chevaliers teutoniques*, Paris, 2001.

Le port des croisés, à Saint-Jean d'Acre (actuellement en Israël). (photo Yeowatzup.)

Sceau des Templiers. (photo Adrian Sulc.)

Chevalier chargeant à la bataille de La Bocquée (1163). Fresque de la fin du XIIe siècle, chapelle de la commanderie templière de Cressac (Charente). (photo Damien Bouet.)

La fusion de deux mondes : les ordres religieux-militaires

La nouvelle corporation n'est pas qu'un ordre hospitalier, destiné à soigner les malades et à s'occuper des miséreux, mais aussi une milice armée. La création des ordres religieux-militaires est intimement liée au monde des croisades[2]. Les Templiers (fondés autour de 1129), qui sont à la fois moines et soldats, ont servi d'exemples à d'autres communautés, dont les Hospitaliers de Saint-Jean, lesquels étaient à l'origine censés se charger des soins aux malades et aux blessés, avant de se militariser progressivement. Le climat violent, qui prévalait au Proche-Orient, explique que des moines aient préféré se charger, eux-mêmes, de leur propre défense plutôt que de s'en remettre à des chevaliers laïcs, souvent prompts à tirer l'épée contre leurs coreligionnaires.

Car les soldats turcs et arabes n'étaient, loin s'en faut, pas les seuls à menacer la paix dans les États latins de Terre sainte. La promesse de rédemption spirituelle et d'enrichissement personnel (nullement incompatible dans l'idéologie du temps) attirait sur les rives du Jourdain toutes sortes d'aventuriers originaires de l'Europe chrétienne, dont le portrait laissé dans les chroniques contemporaines donne la chair de poule. Qui plus est, la fragmentation politique des principautés franques, les querelles dynastiques et la division des chrétiens latins en factions rivales étaient source de tensions permanentes.

Dans ce contexte, les Chevaliers du Temple pouvaient donner l'impression de posséder un avantage de taille face aux autres guerriers chrétiens : sans famille, car appartenant à un ordre religieux, ils ne risquent pas de rejoindre telle ou telle faction dynastique et, soumis à une discipline stricte, ils seront plus fiables que des traînes-sabres venus d'Occident pour échapper à la justice de leurs pays ou s'enrichir à bon compte. C'est le calcul que font certains dignitaires de l'Église, lesquels décident de soutenir l'Ordre du Temple. Pourtant, voir cohabiter des fonctions aussi antagonistes que celles de religieux et de soldats posait un grand problème moral. Dans la société médiévale, le monde des guerriers était drastiquement séparé de celui des clercs ; en particulier, il était interdit aux religieux de faire couler le sang.

Pourtant, à partir de **Charlemagne** (m. 814) et de la fondation du Saint-Empire Romain Germanique (962), il n'était pas rare de voir des combattants se mettre au service d'un évêque ou d'un monastère, ou faire bénir leurs armes avant un combat[3]. Les guerres menées pour la défense de l'Église étaient particulièrement valorisées, qu'il s'agisse de repousser les assauts d'envahisseurs non-chrétiens, comme les Vikings, les Hongrois ou les Maures, ou simplement de défendre un monastère contre d'autres chrétiens. Qui plus est, les poètes courtois, grands promoteurs d'une certaine éthique chevaleresque, rappellent dans leurs œuvres – très prisées de l'aristocratie – qu'un bon chevalier ne peut se contenter d'être un militaire de valeur, mais qu'il doit aussi se plier à un certain code de conduite : il doit respecter les femmes, prendre soin des faibles, craindre Dieu et défendre l'Église. Tout cela explique que l'éthique militaire noble ait été progressivement imprégnée d'idéaux chrétiens ou, du moins, d'un certain respect pour l'institution ecclésiastique. Mais de là à accepter que la chevalerie se fasse moine…

[2] Sur ce qui suit, A. Demurger, *Chevaliers du Christ*, Paris 2002 ; M. Aurell, *Des chrétiens contre les croisades*, Paris, 2013.

[3] J. Flori, *La Guerre sainte*, Paris 2001.

[4] Bernard de Clairvaux, *De laude novae militiae*, cité par J. Richard, *L'Esprit de la croisade*, Paris, 2000, p.141.

Les Templiers, et à leur suite les autres ordres religieux-militaires, doivent en partie leur succès au patronage d'un futur saint de l'Église catholique : **Bernard de Clairvaux.** Ce prédicateur cistercien, né vers 1090, est l'un des hommes les plus écoutés de son époque. Il a notamment l'oreille du pape **Eugène III**, qui n'est autre que son ancien disciple. Bernard est également très lié à **Hugues de Payns**, le premier grand-maître du Temple. Méfiant envers les croisés ordinaires, il voit les Templiers comme la parfaite fusion de la chevalerie et du christianisme. Il leur dédie un traité, *Louange de la nouvelle chevalerie* (env. 1130), où il oppose la nouvelle milice aux « mauvais » chevaliers restés dans le monde :

"Pour les chevaliers du Christ, au contraire, c'est en toute sécurité qu'ils combattent pour leur Seigneur, sans avoir à craindre de pécher en tuant leurs adversaires, ni de périr, s'ils se font tuer eux-mêmes. Que la mort soit subie, qu'elle soit donnée, c'est toujours une mort pour le Christ : elle n'a rien de criminel, elle est très glorieuse. [... le chevalier du Christ] *est l'exécuteur de la volonté divine, que ce soit pour châtier les malfaiteurs ou pour glorifier les bons. Quand il met à mort un malfaiteur, il n'est pas un homicide, mais, si j'ose dire, un malicide.* [...] *S'il est tué lui-même, il ne périt pas : il parvient à son but.* [...] *De la mort du païen, le chrétien peut tirer gloire, puisqu'il agit pour la gloire du Christ ; dans la mort du chrétien, la générosité du Roi se donne libre cours : il fait venir le chevalier à lui pour le récompenser"*[4].

Voici l'état d'esprit qui préside à la naissance des ordres religieux-militaires. Sous l'influence de Bernard de Clairvaux, ceux-ci sont désormais soutenus par la Papauté, et progressivement acceptés par la société chrétienne. Les Teutoniques ne tarderont pas à bénéficier à leur tour de l'image désormais positive dont jouissent les Chevaliers du Temple.

Bernard de Clairvaux

Né en 1090 dans une famille de la petite noblesse bourguignonne, Bernard rejoint l'abbaye de Cîteaux en 1112. Séparés de l'Ordre de Cluny, l'une des communautés monastiques les plus puissantes en ce début du XIIe siècle, les Cisterciens tentent de revenir à un idéal de simplicité. À peine trois ans après son entrée dans les ordres, Bernard est envoyé pour fonder une nouvelle abbaye, qui se nommera Clairvaux. Homme charismatique quoiqu'austère, Bernard acquiert au fil des années une influence grandissante en Europe occidentale. En 1145, l'un de ses disciples est même nommé pape, sous le nom d'Eugène III. L'année suivante, l'abbé de Clairvaux est chargé de prêcher la croisade, d'abord en France puis en Allemagne. En 1147, lors d'une tournée de prédication qui le fait passer par Francfort, il autorise les seigneurs du Saint-Empire et d'Europe centrale à marcher contre les païens vivant au sud-est de la mer Baltique. C'est l'acte de naissance des croisades baltes. Apprenant que, dans la foulée du départ en croisade, des prédicateurs extrémistes incitent à persécuter les Juifs, Bernard parvient à protéger ces derniers. Il faut toute son autorité et son charisme pour que les pogroms cessent. Après sa mort, l'Ordre cistercien connaît une période faste, s'étendant aux quatre coins de la chrétienté. Au début du XIIIe siècle, les Cisterciens seront les premiers religieux à s'impliquer dans la mission et la croisade en Prusse et en Livonie.

Représentation de saint Bernard de Clairvaux sur un vitrail. Rhin supérieur, vers 1450. (photo Damien Bouet, Musée de Cluny, Paris.)

Église du Saint-Sépulcre, Jérusalem. (photo Jorge Lascar.)

Sceau du pape Innocent III. (photo Andrew Brown, Suffolk County Council Archaeology Service.)

La règle et le recrutement de l'Ordre teutonique

Lorsqu'en février 1199, le pape **Innocent III** accepte la création de l'Ordre des Chevaliers teutoniques, il enjoint à ses membres de suivre la règle du Temple concernant les choses de la guerre, tout en prévoyant quelques aménagements pour ce qui est des tâches hospitalières. Les Chevaliers teutoniques reçoivent le manteau blanc des Templiers, mais celui-ci doit être frappé d'une croix noire, pour qu'on la distingue de la croix rouge que portent les frères du Temple. Dès sa fondation, l'Ordre teutonique marche donc sur les traces de ses illustres prédécesseurs. Un patronage prestigieux, mais qui peut à terme s'avérer gênant.

Pour l'heure, la nouvelle corporation doit assurer le recrutement de ses membres, et ceci en nombre suffisant pour pouvoir prétendre jouer un rôle dans le monde des croisades. Les premiers statuts de l'Ordre teutonique sont assez ouverts : l'exclusivité de la noblesse ne viendra que bien plus tard, et ne sera jamais vraiment respectée. Dans un premier temps, on accepte des non-nobles, et on n'est pas très regardant en ce qui concerne les antécédents des nouvelles recrues. De fait, ce sont surtout des petits nobles allemands, appelés *ministeriales* (ministériaux), qui répondent à l'appel. Pour les cadets de cette noblesse souvent pauvre et conditionnée aux tâches subalternes, rejoindre un ordre religieux-militaire rend envisageable une certaine ascension sociale. L'effet d'attraction devait être important puisque, dès la première moitié du XIIIe siècle, les Teutoniques sont capables d'aligner une force de 400 chevaliers sur les champs de bataille du Proche-Orient[5].

Pourtant, s'ils forment l'élite de l'Ordre teutonique, les chevaliers proprement dits restent minoritaires : autour d'eux gravitent les prêtres et les clercs, chargés de dire la messe, d'écouter les confessions, d'écrire les chroniques de l'Ordre, de faire la lecture lors des repas pris en commun et de rédiger la correspondance. D'autres catégories hiérarchiquement inférieures, comme les « demi-frères » ou les sergents, sont affectées aux tâches administratives et militaires. Ajoutons encore que les Teutoniques n'hésitent pas à recourir à des mercenaires et à des auxiliaires autochtones, lesquels constituent le gros des troupes lorsqu'ils marchent au combat. À mesure que l'Ordre se développe, des officiers nommés maîtres provinciaux, commandeurs ou prieurs font leur apparition. À ce monde très « masculin » s'intègrent tout de même des femmes : les dames issues de la noblesse vivent dans des couvents séparés, alors que les « demi-sœurs » jouent le rôle de servantes dans les forteresses militaires.

Comme chez les Templiers et les Hospitaliers, l'Ordre teutonique est dirigé par un grand-maître (*Hochmeister*) élu à vie, lequel est entouré de plusieurs hauts dignitaires chargés chacun d'un aspect spécifique de l'organisation. Le grand-commandeur, principal adjoint du grand-maître, dirige l'organisation interne de l'Ordre ; le maréchal a pour charge les affaires militaires, alors que l'hospitalier supervise les actions caritatives

[5] N. Morton, *The Teutonic Knights*, p.151-154.

[6] S. Gouguenheim, *Les Chevaliers teutoniques*, p.81-91.

La commanderie teutonique de **Beuggen**, près de Rheinfelden, date du XIIIe siècle. (photo PantaRhei.)

et le soin apporté aux malades et aux pèlerins de Terre sainte. Apparus plus tardivement, le trappier est chargé de l'intendance et le trésorier des finances et des archives. Tous ces hauts dignitaires, y compris le grand-maître, sont désignés par le chapitre général. Le dirigeant suprême est, en général, élu parmi les frères les plus méritants, et il peut être déposé si ses pairs le jugent incapable. À mesure que l'Ordre se développe, des entités territoriales sont créées (province, baillage, commanderie – du plus vaste au plus réduit) et de nouveaux officiers font leur apparition : maîtres provinciaux (*Landmeister*) et commandeurs (*Commendûr*). Un tel système n'a toutefois rien de rigide, et les fonctions ne sont jamais clairement définies : un commandeur, par exemple, peut diriger une simple commanderie ou un baillage entier[6].

Les règles régissant la vie des membres de l'Ordre étaient sévères à l'origine, comme dans tout ordre monastique. Assez rapidement, l'on a toutefois accordé des aménagements aux chevaliers, dont la mission est surtout de se battre, et dont l'ardeur belliqueuse risquerait d'être amoindrie par des conditions de vie trop rigides. De même, les dispositions jugées humiliantes pour les nobles sont progressivement tombées en désuétude, au point que la discipline restera une préoccupation constante pour les officiers de l'Ordre. Plusieurs modifications des statuts témoignent du souci de garder dans l'obéissance ces hommes célibataires, des soldats de métier qui ont parfois un lourd passé derrière eux. En particulier, l'on craint la trahison et la rébellion, et non sans cause : la longue histoire de l'Ordre teutonique offre plusieurs exemples de grands-maîtres renversés ou même assassinés par d'autres frères.

Les statuts de l'Ordre teutonique, rédigés à l'origine en allemand et en latin, ont été traduits dans plusieurs langues et dialectes européens, ce qui témoigne de l'attrait dont jouissait cette corporation, même en dehors du monde germanique. Il nous en reste notamment une version française, datée du milieu du XVe siècle. Contrairement à une légende tenace, l'accès à l'Ordre n'était pas réservé aux seuls Allemands : bien que ceux-ci aient, dès l'origine, constitué la majorité des chevaliers, la composition de l'Ordre se diversifie en fonction de son assise territoriale : des Italiens, des Polonais et des Prussiens ont ainsi rejoint les rangs des Chevaliers teutoniques lorsque ceux-ci se sont implantés dans leurs pays respectifs. Car l'Ordre émerge dès le début du XIIIe siècle comme une organisation internationale, très liée aux plus grandes figures de son temps.

Fresque représentant le pape Innocent III, monastère de Saint-Benoit (Subiaco, près de Rome). (photo Gunter Krebs.)

Un fantassin de l'Ordre teutonique. Les chevaliers proprement dits étaient minoritaires dans les armées des ordres religieux-militaires ; les troupes étaient en grande partie constituées de soldats auxiliaires. (photo Yann Kervran.)

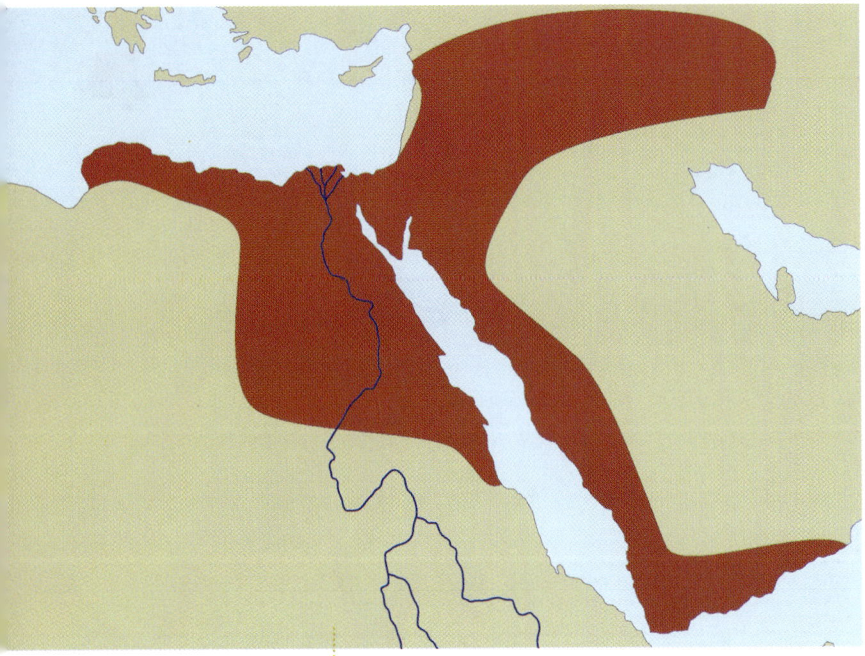

Carte du sultanat ayyoubide à la mort de Saladin (1193). (DAO Damien Bouet.)

Vers la reconnaissance

Dans un premier temps, les Chevaliers teutoniques peinent à trouver leur place en Terre sainte, et à s'émanciper des deux anciens ordres religieux-militaires, à savoir le Temple et l'Hôpital. Aucun conflit grave n'éclate entre les Teutoniques et leurs rivaux, mais les dignitaires de l'Ordre mettront, pendant les premières décennies du XIIIe siècle, un point d'honneur à faire respecter leur indépendance. Au centre des enjeux, le nom de l'Ordre, qui n'était pas encore strictement défini[7]. Bien que leur fondation soit liée à la ville d'Acre, les Teutoniques revendiquent une origine plus ancienne et plus prestigieuse, en prétendant que leur communauté est apparue avec la création d'un obscur hôpital hiérosolymitain réservé aux pèlerins allemands. Être lié à la Ville sainte, reprise par **Saladin** en 1187, permet symboliquement de faire valoir un statut égal aux Templiers et aux Hospitaliers, qui ont incorporé le nom de *Jérusalem* à leur titulature. Bien que la maison-maître de l'Ordre teutonique reste à Acre, les dignitaires promettent qu'une fois Jérusalem reconquise, leur siège y sera déplacé. À partir d'**Honorius III** (m. 1227), le nom *Maison de l'hôpital des Allemands de Sainte-Marie de Jérusalem* va progressivement s'imposer dans la titulature officielle de ce que nous appelons l'Ordre teutonique.

Mais pour se faire une place au soleil, les chevaliers à la croix noire ont besoin de montrer leurs qualités militaires. C'est chose faite lors de l'expédition traditionnellement appelée *Cinquième croisade*. En mai 1218, un contingent teutonique, emmené par le grand-maître **Hermann de Salza**, accompagne le légat pontifical **Pélage** et le roi titulaire de Jérusalem, **Jean de Brienne**, dans une campagne contre l'Égypte[8]. Tenu par le neveu de Saladin, le sultan **Malik al-Kamil**, ce pays est la puissance montante du Proche-Orient, et tient notamment Jérusalem. L'idée est d'affaiblir l'Égypte pour obliger le sultan à lâcher la Ville sainte. La première cible des croisés est Damiette, un important port situé dans le delta du Nil. Après un long siège, la ville tombe en novembre 1219. Al-Kamil propose de l'échanger contre Jérusalem, mais le légat, commandant en chef des croisés, voit plus grand : espérant conquérir tout le nord de l'Égypte, il convainc les autres dignitaires de refuser l'offre du sultan et de marcher contre Le Caire. C'est une grave erreur : trop éloignée de ses bases, mal préparée pour affronter la crue du Nil, l'armée chrétienne est bloquée et défaite par

Des croisés frisons participant au siège de Damiette, en 1219. (Illustration de Matthieu Paris, *Chronica maiora* II. Cambridge, Corpus Christi College, MS 016II, fol. 59v.)

Saladin incendiant une cité.
(photo BNF, fr68; 359v.)

Fra Angelico, *Saint François et Al-Kamil : le jugement par le feu*. Dès le Moyen Âge, cet épisode marquant de la vie du saint inspire les artistes.
(photo Sailko, Musee de Lindenau, Altenbourg.)

al-Kamil. Celui-ci propose à ses adversaires la vie sauve, en échange de Damiette. Pour les croisés, la partie est perdue, mais les Teutoniques ont au moins gagné l'occasion de signaler leur valeur. Fidèles à leur tâche hospitalière, ils portent secours aux croisés blessés ou capturés après la débâcle. Beaucoup leur en sauront gré.

Le baptême du feu vécu en Égypte par le grand-maître et ses hommes est récompensé par la confiance que leur octroient désormais les barons de Terre sainte, lesquels leurs confient la défense de quartiers des principales villes chrétiennes. Grâce à des dons reçus d'Europe, où plusieurs princes allemands les prennent en affection, les Teutoniques peuvent acheter des possessions non loin d'Acre et de Tyr, ce qui leur permet de se doter d'une petite base territoriale. Mais ce n'est pas tout : profitant de l'effondrement de l'empire byzantin à la suite de la prise de Constantinople par un groupe de croisés franco-vénitiens en 1204, les Teutoniques obtiennent des fiefs dans le Péloponnèse – sans oublier l'Arménie, important royaume chrétien, où ils possèdent également quelques commanderies. Toutefois, ce qui va vraiment permettre la montée en puissance de l'Ordre, c'est l'amitié unissant le grand-maître Hermann de Salza à l'une des personnalités les plus marquantes de l'époque : l'empereur **Frédéric II Hohenstaufen**.

[7] S. Gouguenheim, *Les Chevaliers teutoniques*, p.26-28.

[8] Sur le contexte : J. Richard, *Histoire des Croisades*, Paris, 1996.

Vue sur Damiette.
(photo Yannis Sullivan.)

Aigle, Italie du Sud, environ 1240. Ce camée en sardonyx illustre bien le raffinement de la cour de Frédéric II. (photo Damien Bouet, BNF, Département des Monnaies, Médailles et Antiques.)

August Oetken, *L'empereur Frédéric II et Louis IV de Thuringe en croisade* (1905). Cette mosaïque, réalisée dans la chambre dite d'Elisabeth de Hongrie, est un exemple de la manière dont les croisés étaient représentés au début du XXe siècle. Ici, leur représentation est inspirée du manuscrit de Herrade de Landsberg. (photo Wolfgang Sauber, château de Wartburg, Allemagne.)

Sous l'aile de l'empereur

À l'origine, Hermann de Salza et Frédéric de Hohenstaufen n'avaient pas grand-chose en commun. Comme beaucoup de Chevaliers teutoniques de la première génération, le grand-maître est un ministérial, l'un de ces petits nobles allemands gravitant autour d'un grand seigneur. En l'occurrence, la famille de Salza est au service du landgrave de Thuringe, en compagnie de qui le jeune Hermann a peut-être fait son premier déplacement jusqu'en Terre sainte, avant d'entrer dans l'Ordre. S'il n'est que le quatrième grand-maître, c'est lui pourtant qui posera les bases de la puissance teutonique, notamment grâce à ses talents de diplomate.

Né en 1194, Frédéric de Hohenstaufen est quant à lui le fils unique de l'empereur **Henri VI**. Le garçon a passé l'essentiel de sa jeunesse en Sicile, dont sa mère **Constance de Hauteville** était reine[9]. En cette fin du XIIe siècle, l'île est encore imprégnée de la présence arabe.

Lithographie de Herman von Salza, par Christoph Hartknoch, XVIIe siècle. (Christoph Hartknoch Museum.)

À la cour des Hauteville, dynastie d'origine normande, une certaine cohabitation religieuse était la règle. Le grand-père de Frédéric, **Roger II**, employait plusieurs savants arabes à sa cour, parmi lesquels le géographe **Muhammad al-Idrisi**, auteur d'une impressionnante mappemonde. Qui plus est, la Sicile est au carrefour de plusieurs cultures méditerranéennes : latine, arabo-musulmane et gréco-orthodoxe. Marqué par le caractère relativement ouvert de la société sicilienne, le jeune Frédéric a développé un esprit curieux et tolérant. Mais à l'occasion, il sait aussi se montrer extrêmement pragmatique, voire brutal.

Couronné roi des Romains (c'est-à-dire futur empereur) avec l'appui du pape **Innocent III** en 1212, le jeune homme se révèle beaucoup plus ambitieux que prévu. Refusant d'être un jouet aux mains de la Papauté, il entend restaurer la dignité impériale et se poser en chef suprême de la chrétienté. Son règne est marqué d'incessants conflits avec les papes successifs, qui tentent de soulever les villes et les princes d'Italie et d'Allemagne contre Frédéric. Le pape **Grégoire IX**, son ennemi le plus implacable, n'hésite pas à le qualifier d'« Antéchrist ». Le tempérament de cet empereur, féru de sciences et ouvert aux échanges, interculturels, avait de quoi heurter les sensibilités du souverain pontife : on raconte qu'il professait publiquement son incroyance, qu'à l'image des princes musulmans il entretenait un harem, et qu'il aurait même tenté des expériences sur des êtres humains, morts ou vivants… Bien qu'il s'agisse probablement de légendes forgées par ses adversaires, ces racontars donnent l'idée de la personnalité de celui qui allait devenir l'ami et le protecteur du grand-maître Hermann de Salza.

Comme d'autres princes allemands, Frédéric accorde son soutien aux Chevaliers teutoniques. Sa première rencontre avec le grand-maître Hermann a vraisemblablement lieu en 1216. Les deux hommes, de caractères très différents, sympathisent rapidement. C'est le début d'une longue entraide mutuelle : particulièrement doué pour la diplomatie, le grand-maître possède le grand avantage d'avoir l'oreille des papes successifs, et tire à plusieurs reprises l'empereur de mauvais pas. En échange, ce dernier prend l'Ordre teutonique sous sa protection, et en fera une véritable puissance européenne. Voyageant très souvent entre l'Allemagne, l'Italie et la Terre sainte, frère Hermann est l'un des meilleurs alliés de l'empereur, et profite de cette position pour obtenir de nombreux avantages devant servir à son ordre militaire. Ces arrangements ne signifient pourtant pas que la mission de ce dernier ne soit oubliée : en tant que conseiller impérial, le grand-maître de l'Ordre teutonique participe à la récupération pacifique de Jérusalem.

[9] D. Abulafia, *Frederick II: A Medieval Emperor*, Londres, 1988.

L'empereur Frédéric II et un faucon. Grand chasseur, **Frédéric de Hohenstaufen** est l'auteur d'un livre intitulé *L'art de chasser avec les oiseaux*. Cette illustration provient d'un manuscrit de la fin du XIIIe siècle. (photo Hochschule, Augsburg, *Biblioteca Vaticana*, Pal. lat 1071.)

Le Castel del Monte, résidence de Frédéric II dans les Pouilles. Construit sur l'ordre du **Hohenstaufen**, cet édifice est un chef d'œuvre architectural doté d'un fort symbolisme, pour la réalisation duquel les meilleures connaissances mathématiques et astronomiques de l'époque ont été requises. (photo Berthold Werner.)

L'empereur Frédéric II de Hohenstaufen conclut le traité de Jaffa avec le sultan Al-Kamil. Illustration de la *Chronique* de Giovanni Villani, XIVe siècle. (photo Biblioteca Apostolica Vaticana, Rom Cod. Chigi L VIII 296, fol. 75r.)

Monnaie en or du sultan d'Égypte, Malik al-Kamil. (photo INumis.)

Honorius III et saint François, par Giotto di Bondone, vers 1297-1300, basilique Saint-François d'Assise. (photo *Wikimedia Commons.*)

Le traité de Jaffa

S'il connaissait bien la Sicile arabo-latine, l'empereur Frédéric découvre le monde des croisades lorsqu'il décide, lui aussi, de prendre la croix[10]. Désireux, dans un premier temps, de s'assurer le soutien de Rome face à **Othon** de Brunswick, son rival d'alors, le Hohenstaufen avait promis de s'embarquer pour la Terre sainte. Pensant l'encourager à respecter son vœu, le pape Honorius III avait convaincu le roi titulaire de Jérusalem, Jean de Brienne, de donner sa fille **Yolande** à l'empereur. Le mariage est célébré le 9 novembre 1225 ; dès le lendemain, Frédéric évince son beau-père de son propre royaume, et s'intitule roi de Jérusalem. Néanmoins, son départ en croisade est sans cesse différé : c'en est trop pour le nouveau pape, **Grégoire IX**, qui, malgré les efforts de Hermann de Salza, fulmine l'excommunication contre Frédéric II en 1227. Ce dernier n'en a cure, et part pour la Terre sainte à l'été 1228. C'est donc un empereur et roi de Jérusalem excommunié qui débarque à Acre, en septembre de la même année.

Malgré tout, les dignitaires ecclésiastiques de Terre sainte l'accueillent en grande pompe. Sans doute espérait-on beaucoup de ce prince controversé et impitoyable, mais doué d'un sens politique aigu. Et effectivement, Frédéric a un plan bien arrêté, qui ne vise rien de moins qu'à récupérer Jérusalem sans coup férir. Habitué dès sa jeunesse sicilienne à la fréquentation des musulmans, il n'a pas tardé à établir des contacts diplomatiques avec certains d'entre eux. Déjà avant son départ en croisade, Frédéric a entrepris des tractations avec le sultan d'Égypte, Malik al-Kamil. Contesté par ses propres frères, celui-ci voit d'un bon œil l'alliance que lui proposait l'empereur catholique. Pour lui répondre, il envoya son ambassadeur, l'émir **Fakhr ed-Din**, à Palerme. Celui-ci semble avoir noué des liens d'amitiés relativement solides avec le Hohenstaufen : par son intermédiaire, une correspondance amicale s'établit entre les souverains, qui discutent par lettres interposées d'astronomie ou de mathématiques.

Mais l'amitié épistolaire qui lie Frédéric au sultan d'Égypte ne lui sert peut-être pas qu'à satisfaire sa curiosité : Henry Bogdan suggère même que son retard à prendre la croix s'explique par le fait que Frédéric voulait d'abord entamer des négociations portant sur le statut de Jérusalem avant de se déplacer personnellement en Terre sainte[11]. Quoiqu'il en soit, à peine arrivé au Levant, l'empereur s'entretient avec Hermann de Salza, et les deux hommes décident ensemble de la marche à suivre. L'on commence par se déplacer à Jaffa pour consolider les fortifications de la ville, dans le but de laisser entendre à al-Kamil que l'option militaire n'est pas écartée.

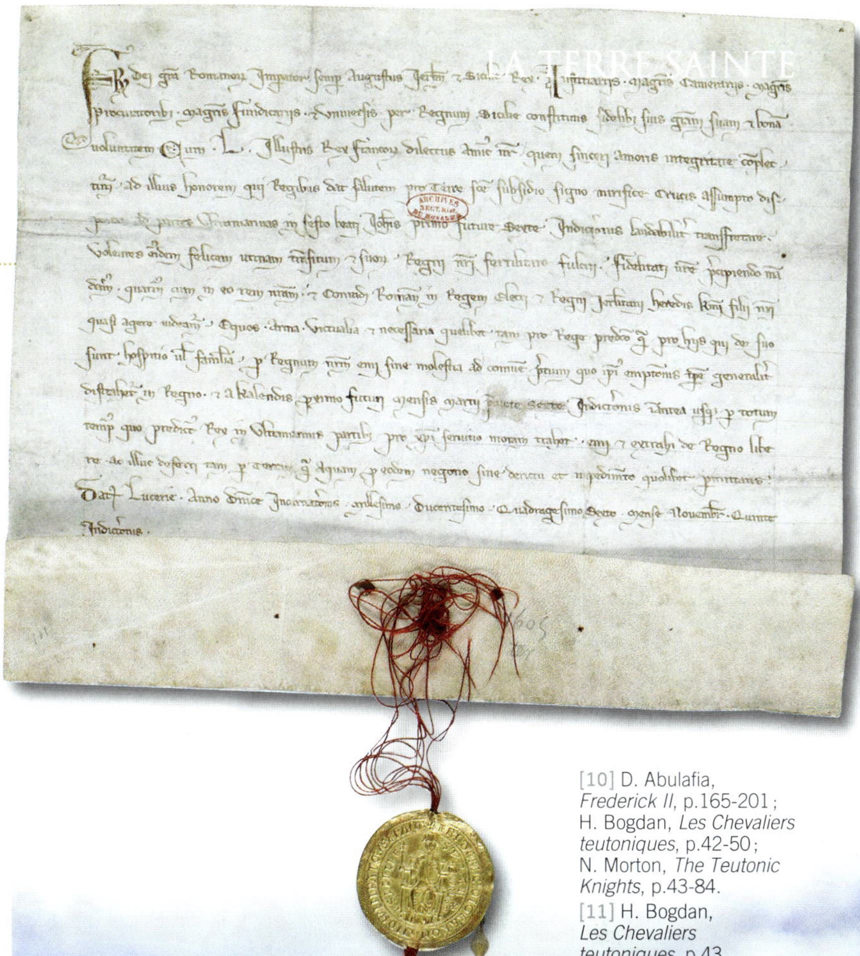

Bulle par laquelle **Frédéric II** ordonne à ses officiers en Sicile de fournir les armes, chevaux et vivres nécessaires au roi de France **Louis IX**, pendant le temps qu'il sera en Terre sainte (Lucera en novembre 1246). Ce document illustre l'intérêt que le Hohenstaufen garde pour le Levant, même si après 1230, il renonce à une nouvelle expédition. (photo Archives Nationales, AE/I/1/4.)

Une démonstration de force peut efficacement appuyer l'action diplomatique. Craignant que son allié ne se retourne contre lui, al-Kamil finit par entamer les tractations du traité de Jaffa.

Conclu le 18 février 1229, et valable pour dix ans, cet accord porte sur la restitution des lieux saints du christianisme au roi de Jérusalem : non seulement la Ville sainte proprement dite, mais encore Bethléem, Nazareth et la Galilée, sans négliger d'autres terres jadis tenues par les chrétiens. Par la diplomatie, Frédéric de Hohenstaufen et son conseiller, le grand-maître teutonique, sont parvenus aux résultats que des générations de croisés n'arrivaient pas à obtenir par les armes. La seule exception, c'est le Dôme du Rocher et la mosquée al-Aqsa, qui forment l'un des principaux lieux saints de l'islam, et que le sultan ne peut se résoudre à céder. Ce qui rend les Templiers furieux, car sous la mosquée se trouvent les fondations du temple de Salomon, où l'Ordre avait établi ses premiers quartiers et d'où il tire son nom. Amers, les Frères du Temple reprochent à l'empereur de les avoir abandonnés.

Pour Frédéric et ses fidèles Teutoniques, les difficultés commencent. Une fois Jérusalem récupérée, le Hohenstaufen entend s'y faire couronner roi, mais le patriarche et les principaux évêques refusent d'assister à son sacre. Craignant de se mettre la Papauté à dos, ils n'hésitent pas à se retourner contre celui qui a pourtant rendu la Ville sainte à la chrétienté. Se heurtant à l'hostilité croissante de l'Église et des Templiers, l'empereur ne reste que six mois en Terre sainte. En mai 1229, il prend la mer en direction de l'Europe. À son retour, il trouve l'Italie en pleine rébellion : assistés des Teutoniques, ses barons reprennent la main, mais la situation reste délicate. Hermann de Salza s'engage à corps perdu dans le rétablissement de la paix entre le pape et l'empereur. Et non sans succès car, en août 1230, Grégoire IX lève l'excommunication. Mais l'entente entre les deux chefs symboliques de la chrétienté reste fragile : moins de dix ans plus tard, le torchon brûle à nouveau et, le 20 mars 1239, Grégoire lance une nouvelle excommunication contre son vieux rival. Le même jour, Hermann de Salza s'éteint.

[10] D. Abulafia, *Frederick II*, p.165-201 ; H. Bogdan, *Les Chevaliers teutoniques*, p.42-50 ; N. Morton, *The Teutonic Knights*, p.43-84.

[11] H. Bogdan, *Les Chevaliers teutoniques*, p.43.

Le dôme de la Chaîne et le dôme du Rocher, sur le Mont du Temple, à Jérusalem. Avec la mosquée al-Aqsa, ces édifices forment l'un des principaux lieux saints de l'islam. Ils sont situés précisément sur le Temple de Salomon, où les Templiers avaient édifié leur quartier général. (photo Andrew Shiva.)

La défaite de La Forbie

Orphelins de leur charismatique grand-maître, les Chevaliers teutoniques postés au Levant assistent à un dernier sursaut des forces chrétiennes de la région, puis à la destruction finale du monde franc d'Orient[12]. Après que l'empereur eut quitté la Terre sainte, les luttes entre factions rivales recommencent. Bien que le pape ait (momentanément) levé l'excommunication du Hohenstaufen, celui-ci est toujours considéré comme un paria dans son royaume de Jérusalem. Si les Teutoniques lui restent fidèles, les Templiers et les Hospitaliers se montrent extrêmement méfiants envers les hommes placés par ce souverain venus d'Europe. Pourtant, les divergences entre les trois ordres militaires n'empêchent pas ceux-ci de collaborer lors des opérations communes.

Car les événements se succèdent. En 1239, la trêve conclue à Jaffa par Frédéric de Hohenstaufen et le sultan al-Kamil arrive à échéance. Bien qu'elle soit théoriquement renouvelable, Grégoire IX craint que Jérusalem ne soit à nouveau menacée. Qui plus est, on raconte que Frédéric aurait négligé de réparer les fortifications de la Ville sainte, et que celle-ci serait donc particulièrement vulnérable… Obéissant aux vœux du pape, une troupe de croisés menés par le comte **Thibaud de Champagne** se met en route. Une fois arrivé sur place, celui-ci se rend compte qu'il est nécessaire d'ouvrir de nouvelles négociations. Car al-Kamil étant décédé en 1238, ses héritiers se disputent ses possessions syriennes et égyptiennes. L'on propose alors de renouer avec la politique « traditionnelle », qui consistait à soutenir une partie des princes musulmans contre leurs rivaux. Mais les chrétiens ne savent pas sur qui miser : les Teutoniques et les Hospitaliers préfèrent maintenir l'alliance avec l'Égypte, alors que les Templiers lorgnent vers l'émir de Damas. La première option a la préférence des barons venus d'Europe. En 1241, **Richard de Cornouaille**, le successeur de Thibaud à la tête de l'armée croisée, passe un nouvel accord avec le sultan d'Égypte, Ayoub, qui est encore plus avantageux pour les chrétiens que ne l'était le traité de Jaffa.

Les rivalités permanentes ne permettent toutefois pas de capitaliser sur cet avantage. Un renversement d'alliance opéré sous l'influence des Templiers rend le sultan d'Égypte furieux. Craignant de se faire damer le pion par ses rivaux syriens, devenus tout à coup très proches du puissant ordre militaire et des principaux barons francs, il conclut une alliance avec de terribles guerriers originaires d'Asie centrale : les Khorezmiens. Originaires d'un royaume perso-turc balayé par l'invasion mongole des années 1220, ces hommes de guerre ont conquis une partie de la Syrie, et mènent des raids sur les principales villes de la région. Ils mettent à sac Jérusalem au mois d'août 1244. Dos au mur, les factions chrétiennes tentent de s'entendre pour faire face, et marchent contre l'Égypte.

[12] J. Richard, *Histoire des croisades.*

[13] On compte environ 16 000 morts du côté des chrétiens, mais le tribut est encore plus élevé parmi les forces musulmanes : 25 000 soldats égyptiens ou khorezmiens auraient été tués. Sur cette bataille, S. Lotan, *"The Battle of La Forbie (1244) and its Aftermath – Re-eximination of the Military Order's Involvement in the Latin Kingdom of Jerusalem in the mid-Thirteenth Century"*, *Ordines Militares*, n°17, 2012, p.53-67.

Émir syrien. Les sultans de Homs et de Damas ont envoyé des soldats pour seconder les croisés dans leur marche contre l'Égypte. (photo Yann Kervran.)

L'armée d'invasion est composée des trois ordres militaires, des principales forces franques laïques, et de contingents envoyés par les sultans de Homs et de Damas. La rencontre a lieu le 18 octobre 1244 près du village de Hirbyia (act. Israël), connu en français comme La Forbie. Alors que les commandants syriens leur recommandent la prudence, les Francs se lancent dans une attaque contre les Égyptiens et leurs auxiliaires khorezmiens. Un acte de témérité aux conséquences terribles : cette bataille, l'une des plus violentes des croisades, se solde par l'anéantissement des forces chrétiennes[13]. Les ordres militaires, unis malgré leurs dissensions, paient un tribut particulièrement lourd. D'après les témoignages contemporains, les Templiers et les Hospitaliers auraient perdu plus de 300 membres, pour une trentaine de survivants. Mais ce sont les Chevaliers teutoniques qui souffrirent le plus : sur environ 400 combattants engagés dans le combat, seuls trois s'en échappèrent vivants. Le maréchal de l'Ordre, **Conrad de Nassau**, figure parmi les morts, alors que les grands-maîtres du Temple et de l'Hôpital sont emmenés en Égypte. Ils ne seront libérés que six ans plus tard, par le roi de France **Saint Louis**.

La bataille de La Forbie (1244), illustration de Matthieu Paris, *Chronica maiora II*. (photo Corpus Christi College, Cambridge, MS 016II, fol. 171v.)

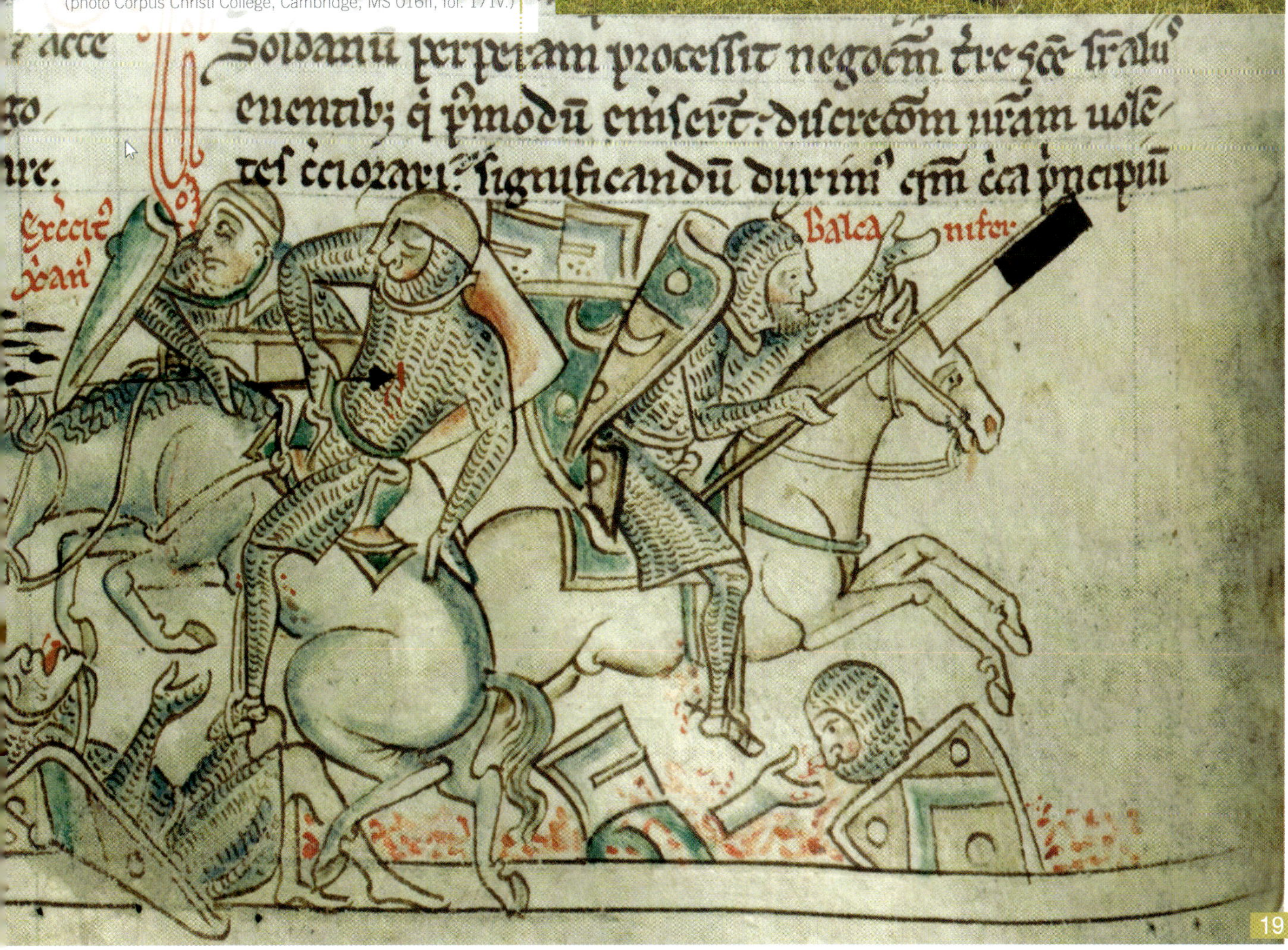

Porte-étendard mamelouk.
(photo Yann Kervran)

La dynastie des Mamelouks

Ce désastre marque le début de la fin pour les États latins de Terre sainte. L'arrivée en 1249 de **Louis IX**, le roi de France, qui souhaitait mener « sa » croisade contre l'Égypte, ne change rien à la donne. Une fois de plus, l'enthousiasme chrétien se brise sur les défenses égyptiennes. Le saint roi doit se contenter de négocier la libération des prisonniers de La Forbie, et de financer la reconstruction des défenses d'Acre, Jaffa et Césarée. Si l'on en croit la tradition, le monarque aurait entretenu de bonnes relations avec les Chevaliers teutoniques, car des chroniqueurs du XVIe siècle expliquent la présence des fleurs-de-lys sur la bannière magistrale par le fait que Saint Louis aurait autorisé le grand-maître à adopter ce meuble héraldique[14].

Entre-temps, un changement dynastique a provoqué l'arrivée au pouvoir d'un gouvernement plus offensif à la tête de l'Égypte[15]. Malade, le sultan **Ayoub** s'éteint lorsque Louis IX tente d'envahir le royaume (1249). Fait relativement rare dans l'histoire musulmane, son épouse **Chaddar ad-Dour** prend le pouvoir en s'appuyant sur les Mamelouks, le corps d'élite constituant la garde rapprochée des souverains égyptiens. Anciens esclaves ou mercenaires issus en grande partie du monde turc et des steppes eurasiatiques, convertis à l'islam et entraînés aux armes, les Mamelouks jouent un rôle essentiel auprès des dynastes arabes. En Égypte, ces excellents soldats ont pris tant de pouvoir qu'ils entendent jouer aux faiseurs de rois. L'un d'entre eux, **Aybak**, épouse la reine, mais il semble que celle-ci continue de gouverner jusqu'à sa mort, en 1257. Quelques sultans se succèdent sous le contrôle des Mamelouks, jusqu'à la prise de pouvoir par l'un des généraux les plus compétents de l'époque, un certain Baybars. Mamelouk d'origine coumane, il a été l'artisan de la résistance égyptienne face à Saint Louis, puis acquiert l'immense prestige d'avoir vaincu les Mongols à la bataille d'Aïn Djalout (act. Israël), en 1260. Une première depuis l'époque de **Gengis Khan**. Fort de ses succès, il évince le sultan du moment et s'installe sur le trône. Pour les Francs, c'est une très mauvaise nouvelle.

Un mamelouk égyptien s'entraînant au maniement de la lance. Les soldats mamelouks, dans leur majorité des esclaves convertis à l'islam, entraînés au combat et affranchis, forment l'élite militaire de plusieurs armées musulmanes. En 1250, ils renverseront le dernier sultan ayyoubite d'Égypte et s'empareront du pouvoir. Miniature du manuscrit de *Furusiyya* (env. 1500). (photo David Collection, Inv. nr. 19/2001.)

[14] L'origine des fleurs-de-lys présentes sur la bannière du grand-maître reste toutefois énigmatique : M. Tumler, *Der Deutsche Orden*, Vienne, 1955, p.418-419, n.25.

[15] A. Clot, *L'Égypte des Mamelouks*, Paris, 1996.

La bataille du Terek, en 1262. Le prince mongol **Hulagu** est défait près du fleuve Terek (actuellement Géorgie et Russie) par son rival **Berke**, allié aux Mamelouks d'Égypte. Ces derniers sont l'une des très rares puissances militaires à tenir tête aux Mongols. Illustration de *La Flor des estoires de la terre d'Orient* d'**Hayton de Korikos**. (photo BNF Fr. Français 2810, fol. 244.)

Ci coumance la destruction d'acre qui fu l'an de grace M et CC et IIIIXX et dis, la prise d'Acre dans l'*Historia rerum in partibus transmarinis gestarum*. (photo BNF Fr. 1825, f.361v.)

La chute d'Acre

Baybars, qui tient également la Syrie depuis sa victoire contre les Mongols, décide de chasser une fois pour toute les croisés de Palestine. Ayant instauré « *une véritable dictature militaire* »[16] dans ses États, il prend Césarée (1261), puis Jaffa (1268) et, en 1271, le château de Montfort, quartier général des Chevaliers teutoniques. La présence de l'Ordre en Terre sainte est menacée. Mais Baybars ne s'arrête pas là : la même année, il fait tomber le Krak des Chevaliers, immense forteresse réputée imprenable, et dont la garde était confiée aux Hospitaliers. Ses successeurs continuent son œuvre. La prise de Tripoli, par le sultan **Qalawun** (1289) se solde par le massacre des hommes qui ne s'étaient pas enfuis, et la capture des femmes et des enfants. La dernière ville franque d'importance est Saint-Jean d'Acre, dont le gouvernement s'empresse de signer une trêve avec le sultanat mamelouk. Mais entre-temps, le pape avait déjà lancé une nouvelle croisade. À peine les volontaires européens débarqués, ils massacrent à leur tour les marchands musulmans qui vivaient pacifiquement à Acre. Il n'en faut pas plus pour les Mamelouks, qui n'attendaient qu'un prétexte pour rompre la trêve et fondre sur la ville.

Le 5 avril 1291, le sultan **al-Ashraf Khalil**, le fils de Qalawun, met le siège devant Acre. Ses machines de guerre bombardent les murailles, et ses hommes creusent des tunnels pour y installer des mines. Le 18 mai, il donne l'assaut. Une fois encore, Templiers, Hospitaliers et Teutoniques se battent côte à côte, avec l'énergie du désespoir. Les combats font de nombreuses victimes. Les grands-maîtres du Temple et de l'Hôpital y laissent leurs vies. Enfin, la ville tombe. Seule la citadelle des Templiers tient encore, et permet à environ 10 000 habitants de sauver leur vie en s'y réfugiant, avant de fuir pour Chypre. Dix jours plus tard, le dernier bastion aux mains des chrétiens est pris à son tour. C'en est fini de l'Orient latin.

Dans les mois qui suivent, les toutes dernières places fortes chrétiennes sont capturées, parfois sans combat. Seules de rares enclaves sont épargnées, mais seront abandonnées au tout début du XIVe siècle. Alors que le sultan **al-Ashraf** est fêté comme un héros parmi les siens, une période très sombre commence pour les ordres religieux-militaires. En Europe, on les tient pour responsables de la perte de la Terre sainte, et l'on se pose la question de leur utilité, étant donné qu'ils n'ont pas été capables de protéger les lieux saints du christianisme. D'autant plus que les efforts menés depuis Chypre pour reprendre pied en Palestine sont voués à l'échec.

Les Templiers, en particulier, sont dans le collimateur du roi de France, **Philippe IV le Bel**[17]. Engagé dans un douloureux bras-de-fer avec la Papauté, le roi de marbre lâche, en 1307, sa terrible machine judiciaire sur les Chevaliers du

Copie du gisant d'Othon Ier de Grandson (vers 1328), château de Grandson. Ce seigneur savoyard ayant rejoint la cour du roi Édouard Ier d'Angleterre est l'un des principaux commandants chrétiens lors de la défense d'Acre, en 1291. Sa conduite supposée héroïque lui a permis de poursuivre sa carrière après son retour en Europe. (photo Loïc Chollet.)

Les fortifications de Saint-Jean d'Acre. (photo Udi Steinwell.)

Le Krak des Chevaliers, immense forteresse emblématique de la présence croisée en Terre sainte. Tenu par les Hospitaliers, le Krak tombe en 1271 aux mains de Baybars. (photo Nev.)

Le grand-maître du Temple Jacques de Molay et le commandeur Geoffroy de Charnay sur le bûcher, en 1314. Atelier du maître Virgile, détail d'une enluminure des *Chroniques de France* ou *de Saint-Denis* (début XVe siècle). (photo British Library Royal, MS 20 C VII f. 48r.)

Temple, réputés proches du souverain pontife. Celui-ci n'a d'autre choix que de les sacrifier. Enviés pour leurs nombreuses possessions, les moines-soldats sont aussi les vestiges désuets d'une époque révolue, celle de l'occupation franque en Terre sainte. Ayant perdu leur raison d'être, et n'étant pas à leur place au cœur d'un royaume de France en pleine construction nationale, ils servent en quelque sorte de victimes expiatoires. Après sept ans de procès inquisitoriaux, plusieurs dizaines de Templiers sont condamnés à mort. Le grand-maître **Jacques de Molay** meurt dans les flammes, le 18 mars 1314. Par décret pontifical, l'Ordre du Temple est dissous. C'est la fin du premier ordre religieux-militaire, inspirateur et principal concurrent de l'Ordre teutonique.

Si le destin des Templiers s'éteint avec les braises des bûchers français, Hospitaliers et Teutoniques ont relativement bien survécu aux événements. Contrairement à leur aîné, ces deux ordres militaires s'étaient, progressivement, constitués de solides bases territoriales loin de la Terre sainte. Ayant échoué à prendre le contrôle de Chypre, les Hospitaliers conquièrent Rhodes et y déplacent leur siège en 1310. À la tête d'une puissante flotte de guerre, ils continuent de jouer le premier rôle dans la lutte contre les puissances islamiques de la Méditerranée orientale. Quant à eux, les Chevaliers teutoniques se sont établis bien plus au nord, au cœur du continent.

[16] Le mot est de J. Richard, *Histoire des croisades*, p.428.
[17] A. Demurger, *Chevaliers du Christ* ; et le volume collectif M.-A. Chevalier (dir.), *La Fin de l'Ordre du Temple*, Paris, 2012.

Le procès du Temple

Le 13 octobre 1307, les Templiers sont arrêtés en masse dans le royaume de France. Les frères sont livrés à l'Inquisition, un tribunal ecclésiastique chargé d'enquêter sur les affaires d'hérésie. Au Moyen Âge, l'hérésie est considérée comme un crime très grave, car diviser l'Église reviendrait à affaiblir la foi chrétienne. La procédure dite inquisitoriale a été créée dans le but de lutter contre cette prétendue menace. Instruction cachée, utilisation massive de la torture, dissimulation des chefs d'accusation, les méthodes auxquelles les enquêteurs peuvent avoir recours dépassent de loin le cadre d'une procédure normale. Mis à la question, beaucoup de Templiers cèdent et font les aveux que l'on attend d'eux : hérésie, apostasie, blasphèmes, idolâtrie, sodomie… plusieurs dizaines de Templiers sont livrés au bûcher, à l'instar du grand-maître Jacques de Molay (1314).

Mais pourquoi s'acharner ainsi sur l'Ordre du Temple? Les principaux instigateurs de ce long et difficile procès sont le roi de France Philippe IV le Bel et ses proches conseillers. Il semble que le but ultime de l'affaire ne soit pas tant de s'approprier les richesses du Temple que d'usurper la charge symbolique d'ultime garant de la foi dans le royaume de France. En brisant le puissant ordre militaire et en s'appropriant le droit de juger des affaires de foi dans son royaume, Philippe le Bel renforce le pouvoir royal au détriment de la Papauté. Par ses enjeux « théologico-politiques » autant que l'usage de la procédure inquisitoriale, le procès du Temple se distingue des affaires juridiques qui toucheront les Chevaliers teutoniques dans le premier tiers du XIVe siècle.

Aux marges de la chrétienté latine

Nous avons suivi les traces de l'Ordre teutonique, depuis sa fondation près de la ville d'Acre jusqu'à son expulsion de Terre sainte, presque un siècle plus tard. Toutefois, les activités principales des frères à la croix noire n'ont pas eu lieu sur les bords du Jourdain, mais en Europe. Hermann de Salza (vers 1239), quatrième grand-maître et réel fondateur de la puissance teutonique, a en effet décidé de doter son Ordre d'un territoire autonome, quitte à ce que cela se fasse très loin d'Acre et de Jérusalem.

Le château de Bran, en Transylvanie, construit par les Teutoniques au début du XIIIe siècle.
(photo Dobre Cezar.)

Edmund Leighton, *La Charité de Sainte Elisabeth de Hongrie* (1895). Elisabeth, fille du roi **André II de Hongrie** et épouse du landgrave **Louis IV de Thuringe**, a été une grande protectrice de l'Ordre teutonique. Elle a été canonisée en 1235, soit quatre ans après sa mort. (photo Art Renewal Center, collection Fred et Sherry Ross.)

L'Ordre teutonique en Transylvanie

En parallèle à son engagement en Terre sainte, l'Ordre teutonique s'est implanté au début du XIIIe siècle dans d'autres régions, où il entend « défendre la chrétienté » face à des populations qui ne sont pas musulmanes, mais païennes. Et contrairement à son action au Levant, l'Ordre ne saurait se contenter du rôle de l'allié fidèle, du discret supplétif. Ce dont rêve le grand-maître **Hermann de Salza**, c'est de doter sa corporation d'un territoire à elle seule, sans devoir y partager le pouvoir – quitte à se montrer bien moins accommodant qu'il ne l'a été en Orient. Et pour ce faire, c'est vers l'Europe qu'il lorgne[18].

Si les rois et les empereurs d'Europe occidentale se consacraient en premier lieu à la libération de Jérusalem et des lieux saints, le Levant n'était pas le seul terrain de croisade possible pour qui souhaitait croiser le fer avec les « infidèles ». Dans la rhétorique majoritaire des prélats et des penseurs du temps, la Terre sainte restait l'objectif numéro un, mais la chrétienté devait être défendue également ailleurs, partout où elle était supposément menacée. Les musulmans de Terre sainte n'étaient donc pas les seuls adversaires des croisés ; au contraire, tous les non-chrétiens pouvaient être considérés comme une menace. Entre le XIIe et le XIIIe siècle, les guerres locales menées de la Péninsule ibérique aux confins de la mer Baltique, entre potentats chrétiens et infidèles, ont été intégrées au schéma idéologique de la croisade. Dans ce contexte, un ordre religieux-militaire, tel que l'Ordre teutonique, n'avait aucun mal à trouver une nouvelle terre d'élection.

C'est en Hongrie que l'Ordre teutonique fait sa première expérience militaire sur sol européen[19]. Dès les premières années du magistrat de Hermann de Salza, des contacts avaient été établis

Reproduction du sceau d'André II, dans **Georgio Pray**, *Syntagma historicum de sigillis regum et reginarum Hungariae*, 1805. (photo *Wikimedia Commons*.)

L'église fortifiée de **Kronstadt**, aux environ de Brasov (Roumanie), a été fondée par les Teutoniques. (photo Janos Korom.)

Les nomades coumans dans la *Chronique des Radziwill*, un texte russe du XIIIe siècle. Le manuscrit date du XVe siècle. (photo *Wikimedia Commons.*)

entre la couronne hongroise et la noblesse thuringienne, de qui Hermann était resté proche. Les Allemands étaient bien intégrés à la cour du roi **André II de Hongrie**, dont la très pieuse fille avait épousé **Louis IV**, le landgrave de Thuringe. Celle-ci, nommée Elisabeth, favorise, partout où elle le peut, les positions des frères à la croix noire. Reconnaissants, ces derniers en feront l'une de leurs saintes patronnes[20].

Les liens familiaux et diplomatiques entre la Hongrie et la Thuringe, où les Teutoniques étaient solidement implantés, expliquent qu'André II ait fait appel à eux pour protéger les confins orientaux de son royaume. La Hongrie, l'un des plus grands pays de l'Europe médiévale, était alors menacée par les Coumans, un peuple païen d'origine turque qui nomadisait dans les steppes eurasiatiques. En 1211, le roi de Hongrie cède à l'Ordre teutonique la région de Brasov, en Transylvanie (act. Roumanie). En échange de leur protection contre les Coumans, les Teutoniques reçoivent de nombreux privilèges leur permettant de développer leur nouveau fief et d'y faire venir des colons allemands. Lorsque la noblesse hongroise tente de se révolter en 1222, les hommes de Salza prêtent leur appui au monarque, qui les récompense par de nouveaux privilèges, encore plus généreux.

Tout se serait sans doute bien passé si les Teutoniques ne s'étaient avisés de multiplier les signes de souveraineté, jusqu'à se mettre sous l'autorité directe du Saint-Siège. Conscient que toute la région de Brasov risque de lui échapper, André II se retourne contre ses anciens protégés. Christianisés et progressivement intégrés à la Hongrie, les Coumans ne représentent désormais plus de danger, et il ne compte pas voir se développer un fief autonome trop puissant aux marges de son royaume. Sans tenir compte de l'avis du pape **Honorius III**, le roi engage la guerre contre les Teutoniques, en 1225. Cette fois-ci, la noblesse marche à ses côtés. Après quelques combats, les Chevaliers sont défaits et expulsés, mais les colons allemands qu'ils avaient invités ne sont pas inquiétés. Au contraire, le roi confirme leurs privilèges. Ce n'était pas l'élément allemand en tant que tel qui était visé, mais bien les moines-soldats. Déçu, Hermann de Salza tourne le dos à la Hongrie, mais ne renonce pas à son ambition.

Réplique d'un casque couman, à la visière décorée. (photo Silar.)

Les Coumans

Au Moyen Âge, de nombreuses populations nomades vivent dans un immense territoire s'étendant de la Chine au Danube. Parmi celles-ci, les **Coumans** (aussi appelés **Kipchaks** ou **Polovtses**) forment une confédération tribale qui tient quasiment tout cet espace du XIe jusqu'au début du XIIIe siècle. Du point de vue linguistique, le couman appartient à la famille des langues turques, qui sont fréquentes en Asie centrale et en Sibérie. Leur pouvoir repose sur les techniques militaires développées par plusieurs peuples des steppes, dont la cavalerie légère et l'archerie représentent les éléments les plus connus. De nombreux chefs coumans passent des alliances et fournissent des mercenaires aux États sédentaires bordant leur territoire, notamment Byzance, mais aussi les principautés russes, le royaume de Géorgie ou le Khorezm musulman. Dès le XIe siècle vraisemblablement, des incursions coumanes ont lieu en Hongrie. Au début du XIIIe siècle, quelques clans s'établissent aux marges de ce royaume, dans la région de la Transylvanie (act. Roumanie).

Dans la première moitié du XIIIe siècle, un autre peuple de la steppe supplante les Coumans : les **Mongols**. Alors que les armées mongoles marchent vers l'Europe, une partie des Coumans fuit vers la Hongrie. Leur chef demande la permission d'entrer dans le pays, ce que le roi **Bela IV** accepte. Celui-ci espérait utiliser ces excellents guerriers dans le but de contrer les Mongols et de renforcer son propre pouvoir. Acceptant le baptême – au moins pour la forme, dans un premier temps – les Coumans s'installent en Hongrie. Après quelques temps, les nouveaux venus abandonnent progressivement leur mode de vie nomade et s'intègrent dans la société hongroise. Leur statut de guerriers d'élite demeure toutefois une marque distinctive car, jusqu'à la fin du XIVe siècle, il y a des contingents coumans dans les forces armées hongroises.

Le roi André II de Hongrie, représenté dans la *Chronique des Hongrois* de Jean de Thurocz (XVe siècle). Ayant lui-même participé aux croisades en Terre sainte, André II avait, dans un premier temps au moins, une certaine sympathie pour les ordres religieux-militaires. (photo *Wikimedia Commons.*)

[18] N. Morton, *The Teutonic Knights*, p.83-84.

[19] S. Gouguenheim, *Les Chevaliers teutoniques*, p.43-53.

[20] Elisabeth de Hongrie, dite aussi de Thuringe, a été canonisée en 1235, quatre ans après sa mort.

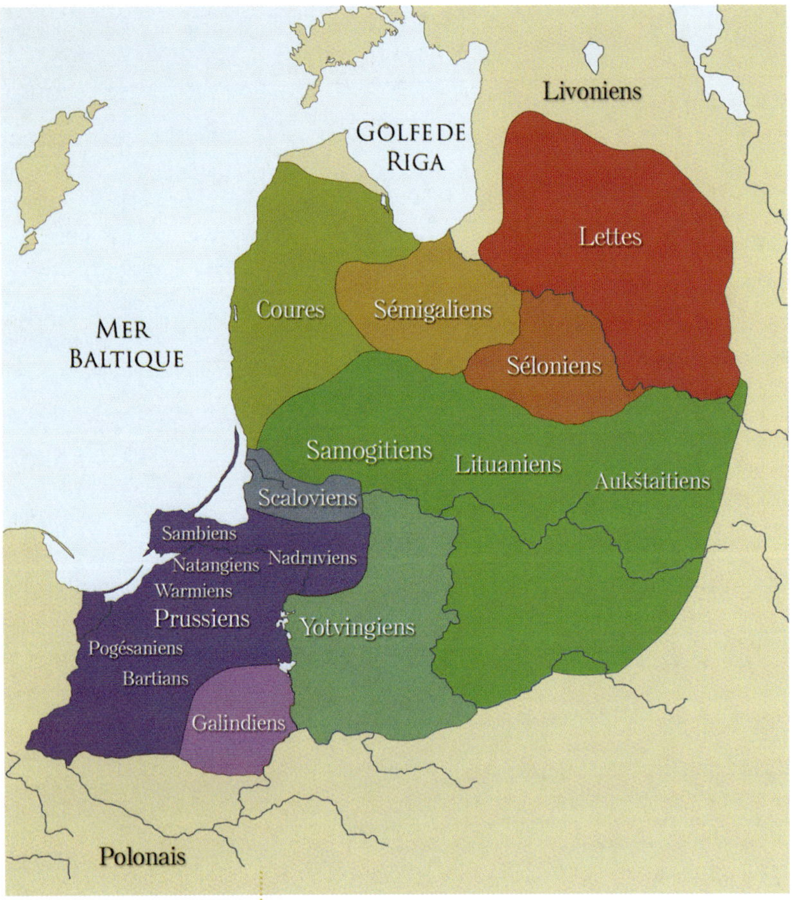

Carte représentant les tribus baltes vers 1200. (DAO Damien Bouet d'après Maria Gimbutas.)

Pierre taillée à figure anthropomorphe, attribuée aux anciens Prussiens. L'on ne sait pas avec certitude si de telles statues représentent des dieux, des ancêtres ou des héros mythiques, mais les spécialistes leur attribuent un rôle important dans la culture préchrétienne balte. (photo Pumeks, Musée archéologique de Gdansk.)

Les “Sarrasins” de la Baltique

Bien loin de la Terre sainte et de la Transylvanie, une autre zone faisant frontière entre les mondes chrétiens et infidèles était traversée de conflits[21]. Alors que toute l'Europe centrale et la Scandinavie avaient été évangélisées autour de l'an mil, un vaste espace situé au Sud et à l'Est de la mer Baltique était resté en dehors de ce processus. Les habitants de ces pays sont qualifiés par leurs contemporains de « païens », comme l'on nomme alors ceux qui restent attachés aux divinités et aux coutumes préchrétiennes, par opposition aux fidèles des religions du Livre (judaïsme, christianisme, islam)[22]. Du Nord de l'actuelle Allemagne à la Finlande, les populations païennes slaves, baltes et fenniques étaient, depuis le milieu du XIIe siècle, la cible de croisades. Lancées par **Bernard de Clairvaux**, l'ami des Templiers, celles-ci visaient à subjuguer ces « mécréants » et à les faire entrer, bon gré mal gré, dans la grande famille chrétienne. Forts du soutien de l'Église, Saxons, Danois et Polonais soumettent les principautés slaves de Poméranie, alors que les Suédois s'approprient une partie de la Finlande. Au début du XIIIe siècle, l'étau se resserre sur les Baltes[23], qui représentent alors les dernières populations païennes d'Europe, à l'exception des peuples sames ou fenniques du nord de la Scandinavie et de la Russie.

Au début du XIIIe siècle, les Baltes païens se répartissent ainsi : au nord-est de l'actuelle Pologne et dans la région constituant de nos jours l'enclave russe de Königsberg vivent les Prussiens, également appelés Borusses ou Pruthènes. Leur langue, relativement proche du lituanien, s'est éteinte vers le XVIIe siècle. Ils nous ont néanmoins légué le nom de « Prusse » et quelques toponymes. Plus au nord, relativement loin de la mer, habitent les Lituaniens, qui s'avéreront le plus puissant des peuples baltes, avec les Samogitiens, lesquels leur sont très proches sur le plan linguistique et culturel. Au sud de l'actuelle Lettonie, ce sont les Sémigalliens, les Coures et les Lettes. Puis, au nord de la Daugava[24], on trouve les Lives et les Estes, qui ont donné leurs noms respectivement à l'ancienne province de Livonie, puis à l'Estonie.

[21] Sur la conquête de la Prusse et de la Livonie, L. Chollet, *Les Sarrasins du Nord : une histoire littéraire de la croisade balte*, Neuchâtel 2019 ; N. Blomkvist, *Discovery of the Baltic*, Leiden, 2005 ; I. Fonnesberg-Schmidt, *The Popes and the Baltic Crusades, 1147-1254*, Leiden-Boston, 2007 ; E. Christiansen, *Northern Crusades*, Londres-New-York, 1980.

[22] Les termes *païen(s)* et *paganisme* sont passés dans le vocabulaire historiographique, et sont habituellement utilisés pour définir les peuples et les religions préchrétiennes d'Europe ou d'ailleurs. À l'époque médiévale, le terme *Sarrasin* a le sens de non-chrétien.

[23] *Balte* est ici à comprendre au sens géographique ; du point de vue linguistique, les Prussiens, les Lituaniens et certains peuples de l'actuelle Lettonie (Coures, Lettes, Sémigalles) parl(ai)ent des langues baltes, alors que les Lives et les Estoniens sont de langue fennique, tout comme les Finnois.

[24] La *Daugava* (anc. Dvina, Duna) est le fleuve qui baigne Riga et traverse l'actuelle Lettonie.

Le paganisme balte

La religion des Baltes nous est surtout connue par les témoignages d'auteurs chrétiens, à commencer par le voyageur anglo-saxon **Wulfstan** (fin du IXe siècle), les plus tardifs pouvant être datés de la Renaissance. Bien que les mythes autant que les pratiques religieuses des populations du sud-est de la Baltique aient vraisemblablement évolué entre le IXe et le XVe siècle, quasiment tous les auteurs chrétiens écrivant à leur sujet, nous donnent une impression assez univoque : le « paganisme » des Baltes se réduirait à l'adoration du soleil, de la lune et de certains animaux, comme les serpents ; leurs lieux de culte seraient constitués par certains bois et certaines sources, auxquels ils donneraient une valeur particulière. Croyant que l'audelà ne serait que la répétition de la vie terrestre, ils brûleraient les morts avec tous leurs biens, y compris leurs armes et leurs chevaux, voire, selon les auteurs, des compagnons humains. Enfin, les devins et autres sorciers jouiraient d'une profonde considération parmi eux.

Ces descriptions, produites par les tenants d'une religion rivale, ne sauraient être prises au pied de la lettre. Elles tendent, dans leur ensemble, à rapprocher les Baltes des païens gréco-romains de l'Antiquité, bien connus des auteurs médiévaux du fait des nombreux traités polémiques écrits lors des premiers siècles du christianisme. Du reste, quelques découvertes archéologiques peuvent accréditer certains aspects des sources écrites, bien que de telles trouvailles restent relativement difficiles à interpréter. Pour tenter de cerner quel pouvait être l'horizon spirituel des anciens Prussiens, Estoniens ou Lituaniens, les spécialistes de la mythologie balte et fennique convoquent encore les contes, légendes, locutions proverbiales ou chansons, tout un matériel « folklorique » qui s'est plutôt bien conservé.

À la suite du chroniqueur **Pierre de Dusbourg** (XIVe siècle), plusieurs auteurs chrétiens décrivent le paganisme des Baltes comme un culte organisé, dont le centre serait un temple appelé Romowe (ou Romuva), dans le Nord-Est de la Prusse. Une telle interprétation est remise en cause par les spécialistes. Illustration de **Christoph Hartknoch**, *Alt- und neues Preussen*, Francfort-Leipzig, 1684. (photo Lithuania, Historical Collections of the Vilnius University Library.)

Gravure représentant des païens lituaniens en pleine dévotion. Les auteurs du Moyen Âge et de la Renaissance rapportent que les Baltes adoraient le feu ainsi que certains animaux, notamment les serpents. **Olaus Magnus**, *Historia de gentibus septentrionalibus*, Livre 3, 1555. (DAO Damien Bouet, d'après Olaus Magnus.)

Observatoire astronomique de **Zemaiciu Alkas** en territoire Samogitien, reconstitution inspirée par l'art traditionnel. (photo *Wikimedia Commons*.)

Bannière attribuée à Widewuto, roi légendaire des Prussiens, sur la base d'une description du chroniqueur Simon Grunau (XVIe siècle.). L'on y voit **Patollus**, **Percunus** et **Potrimpus**, censés avoir été les principaux dieux des Baltes avant leur christianisation. (Illustration de Caspar Hennenberger, *Kurtze vnd warhafftige Beschreibung des Landes zu Preussen*, Königsberg, 1584.)

Il en ressort que le paganisme des Baltes était un ensemble de rites et de mythes assez diversifiés, souvent liés à la vie paysanne, où quelques divinités jouaient un rôle prépondérant. Parmi celles-ci, certaines correspondent à la triade dite indo-européenne identifiée par Georges Dumézil. Les noms de ces dieux varient selon les textes, les langues et les époques, mais les mythologues sont d'accord pour faire émerger quelques figures centrales[25] : entre autres, **Perkunas**, dieu de l'orage et divinité la plus importante du panthéon balte ; **Saule**, déesse du soleil ; **Menulis**, dieu de la lune ; **Laima** et **Giltine**, qui président aux destinées humaines. Des génies domestiques comme l'Aitvaras ou les Kaukai sont censés apporter chance ou malchance aux hommes. Le feu semble avoir eu un rôle important dans les mythes et les rites, ce qui explique entre autres la pratique de la crémation des morts, attestées jusqu'au XIVe siècle au moins dans l'aristocratie. Certains animaux, comme les chevaux, étaient également chargés d'une connotation religieuse particulière : animal psychopompe dans de nombreuses cultures, le cheval semble avoir été lié aux funérailles des chefs baltes. Si l'on suit les hypothèses des mythologues et des archéologues, on lui attribuait le transfert de l'âme des défunts vers un au-delà situé soit sur une montagne, soit derrière la mer[26].

Contrairement à l'image donnée par les chroniques composées au sein de l'Ordre teutonique, la religion des Baltes était loin de constituer une « anti-église » unifiée et militante[27]. De même, les sociétés baltes étaient assez différentes les unes des autres[28]. Certaines populations, notamment les Lettes, semblent avoir été relativement pacifiques et égalitaires (les femmes jouissaient vraisemblablement d'une position plus favorable qu'ailleurs en Europe), mais celles établies en Prusse, en Lituanie et dans le sud de la Lettonie présentent un caractère bien plus belliqueux. Relativement hiérarchisées, elles sont organisées en clans avec à leur tête un chef, que les sources occidentales qualifient souvent de « roi » – ce qui indique que son pouvoir devait être étendu. Une caste militaire comparable à la noblesse occidentale joue un rôle déterminant, ce qui vaut à certains de ces peuples une solide réputation de guerriers, attestée jusque dans des textes russes ou arabes. De ce fait, les Prussiens ou les Lituaniens ressemblent passablement à leurs voisins chrétiens, ce qui rend une certaine intercompréhension possible. Pourtant, une fois les rivalités de frontières inscrites dans la logique de la croisade, le moindre conflit peut entraîner toute une province dans de terribles spirales.

La pierre de Lapeliskés ou le « trône des sorcières », située à **Turmantas** (Lituanie). La légende veut que, dans les temps anciens, lorsque les sorcières régnaient sur la terre, elles s'asseyaient sur cette pierre et chantaient magnifiquement, en particulier lors du passage de jeunes hommes. Un jour, un garçon, fasciné par leurs chansons, s'approcha de la pierre et les sorcières le saisirent et l'aimèrent jusqu'à la mort du malheureux. (photo *Wikimedia Commons*.)

[25] Les noms sont donnés dans la version lituanienne modernisée.

[26] D'après certaines versions, les morts rejoignaient l'au-delà sur un bateau. Sur la mythologie balte et notamment lituanienne (la mieux connue), M. Gimbutas, *The Balts*, Londres, 1963 ; A. Greimas, *Des Dieux et des hommes : études de mythologie lituanienne*, Paris, 1985 ; M. Bertasius, *"Horse Graves, Sacrifice, and the Performers of Public Rituals"*, *Archeologia Baltica* n°11, 2009, p.305-313 ; A. Pluskowski, *The Archaeology of the Prussian Crusade*, Londres, 2013 ; K. Nastopka, "Les recherches de Greimas sur la mythologie lithuanienne", *Semiotica*, 2014, 2017, p.139-158.

[27] S. C. Rowell, *Lithuania Ascending*, Cambridge, 1994.

[28] N. Blomkvist, *Discovery of the Baltic*.

Évocation du dieu lituanien Naglis, sur le site de Juodkrantė (Lituanie). (photo Thomas Pusch.)

Épée trouvée sur le site funéraire de Maidla (Estonie) et datant de la fin du XIe siècle. Cette arme, symbole du pouvoir de l'aristocratie païenne, a sans doute été rendue inutilisable lors des funérailles de son propriétaire. (photo Loïc Chollet, Musée d'histoire de Tallinn.)

Le site de Kernavė (Lituanie), offre un témoignage du peuplement de la région sur une période de 10 000 ans. Le site est un ensemble complexe comprenant des forts, des installations non fortifiées, des sites funéraires et cultuels. Cinq collines fortifiées, qui faisaient partie d'un grand système de défense, marque le paysage. Importante ville durant le Moyen Âge, elle est détruite par les Teutoniques à la fin du XIVe siècle. Le site reste cependant occupé jusqu'au XVIIIe siècle. (photo Kévin Veau.)

Copie du sceau de Conrad, duc de Mazovie. (photo F. K. Piekosinski.)

Un frère de l'Ordre teutonique. (photo Jürgen Lenderski, Projekt Deutschritter.)

L'offre du duc Conrad

Malgré leur attachement à la religion polythéiste traditionnelle, le christianisme n'était pas totalement étranger aux Baltes[29]. Ces peuples ayant été au contact des Polonais, des Scandinaves et des marchands allemands, il y avait déjà parmi eux un certain nombre de chrétiens. Au début du XIIIe siècle, quelques missionnaires parcouraient la Prusse, sans remporter beaucoup de succès. Parmi eux, **Christian**, du monastère cistercien d'Oliwa, en Poméranie, est nommé évêque de Prusse. Ses tentatives d'amener la foi aux païens, et peut-être surtout la présence de guerriers armés à ses côtés, agacent les autochtones, qui voient d'un mauvais œil ces incursions étrangères. Dans ce contexte, les frontières polonaises sont attaquées par des pillards venus de Prusse. Pour répondre, les princes polonais ne tardent pas à faire appel à des ordres religieux-militaires, notamment les Hospitaliers et l'ordre espagnol de Calatrava. Les motivations sont doubles : l'on cherche bien sûr à se protéger des Prussiens, mais plusieurs potentats lorgnent également vers les terres de ces derniers, lesquelles ne sont pour le moment soumises à aucune puissance chrétienne, ce qui les rend potentiellement disponibles – du moins selon certaines conceptions juridiques. Parmi les compétiteurs se trouve Conrad, le puissant duc de Mazovie, une région frontalière de la Prusse.

Une telle évolution n'a pas l'art de plaire à la Papauté, qui s'efforçait de maintenir les droits de l'évêque Christian et de ses futures ouailles. C'est pourtant avec l'aide de ce dernier que le duc Conrad fonde, à une date indéterminée, l'Ordre des Chevaliers du Christ de Prusse[30].

Le diadème de Plock, fait d'or et de pierres précieuses, a été réalisé par un orfèvre hongrois ou allemand. Au début du XIIIe siècle, cette œuvre d'art est devenue propriété du duc **Conrad de Mazovie**. (photo Maciej Szczepanczyk, trésor de la cathédrale de Plock.)

Le but de cet ordre religieux-militaire est, à l'origine, de protéger l'évêque et d'aider les missionnaires mais, quelques années plus tard, **Conrad de Mazovie** lui confie une autre tâche, celle de défendre ses frontières contre les Prussiens. Il leur donne le château de Dobrzyn (all. Dobrin), ce qui fait qu'ils seront appelés « Ordre de Dobrzyn ». Ces chevaliers développent la ville en la peuplant de colons allemands et polonais, mais échouent à contenir les raids prussiens : c'est probablement l'une des raisons pour lesquels Conrad de Mazovie se tourne vers les Chevaliers teutoniques autour de 1225.

Le duc de Mazovie a vraisemblablement établi le contact avec les Teutoniques par l'intermédiaire du duc de Silésie **Henri le Barbu**, qui avait de très bonnes relations avec les cours du Saint-Empire. Conrad a-t-il tenté le tout pour le tout afin de se défendre des païens, ou a-t-il voulu manipuler les moines-soldats, inspiré par l'exemple du roi de Hongrie ? Quoiqu'il en soit, les Teutoniques ne se laissent pas duper : nourri par l'expérience hongroise, Hermann de Salza multiplie les garde-fous en faisant signer des traités de plus en plus humiliants à Conrad : celui-ci doit progressivement renoncer à toute revendication sur les terres qui seront prises aux païens, que ce soit pour lui-même ou pour ses descendants.

Qui plus est, Salza utilise ses liens avec l'empereur et le pape pour obtenir de nombreux privilèges[31]. Par sa bulle d'or de 1226, **Frédéric II** octroie à l'Ordre la protection impériale sur les territoires qu'il pourra conquérir. Son rival **Grégoire IX** n'est pas en reste : ayant officiellement placé la Prusse sous la protection de saint Pierre, il délègue son administration aux Teutoniques, tout en se réservant le droit d'y envoyer un légat afin de représenter les intérêts pontificaux. De fait, l'Ordre teutonique devient une puissance indépendante, qui n'a de compte à rendre qu'à l'empereur et au pape. Le duc Conrad, quant à lui, se désintéresse soudain des affaires baltes, pour diriger son attention vers un objectif bien plus prestigieux : Cracovie, la plus riche cité de Pologne, où son frère, qui en était le duc, vient d'être assassiné. Face à la nouvelle conjoncture, l'évêque Christian est totalement marginalisé. L'Ordre teutonique a le champ libre pour se lancer dans la conquête de la Prusse, et se tailler un fief à la hauteur des aspirations de son grand-maître.

[29] M. Gladysz, *The Forgotten Crusaders*, Leiden, 2012.

[30] Plusieurs hypothèses concernant la date de fondation de l'ordre (entre 1209 et 1228) sont discutées par *ibid.*, p.179, n°14.

[31] S. Gouguenheim, *Les Chevaliers teutoniques*, p.163-187.

Dessin de **Jan Matejko** (m. 1892) représentant le duc Conrad de Mazovie, qui invita l'Ordre teutonique à protéger ses possessions contre les païens de Prusse. (photo *Wikimedia Commons*.)

Le château des ducs de Mazovie, à **Plock**. (photo Ruben Castelnuovo.)

Copie du sceau de Swietopelk, duc de Danzig et de Poméréllie, l'ennemi juré de l'Ordre teutonique dans les années 1240. L'original se trouve au Musée National de Cracovie. (photo Jan Mehlich, Musée de la Mer, Gdansk.)

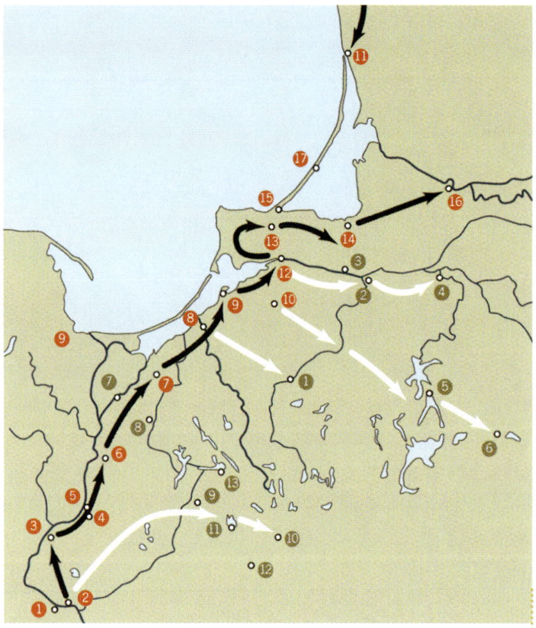

Carte des campagnes menées par les Teutoniques. **[En noir]:** les premières campagnes : 1 Nessau (1230) 2 Thorn (1231) 3 Kulm (1232) 4 Rehden (1234) 5 Graudenz (1234) 6 Marienwerder (1234) 7 Elbing (1237) 8 Braunsberg (1239) 9 Balga (1239) 10 Kreuzburg (1240) 11 Memel (1252) 12 Königsberg (1255) 13 Rudau (1255) 14 Labiau (1258) 15 Neuhaus (1283) 16 Ragnit (1288) 17 Rossitten (1290). **[En blanc]:** seconde phase de campagne, vers l'intérieur : 1 Heilsberg (1241) 2 Wehlau (1258) 3 Tapiau (1265) 4 Kamswykus (1275) 5 Lötzen (1285) 6 Lyck 7 Marienburg 8 Christburg (1248) 9 Löbau (1260) 10 Neidenburg (1268) 11 Gilgenburg (1272) 12 Soldau (1306) 13 Osterode (1241). (DAO Damien Bouet et Harald Mourreau, d'après E. Weiss.)

Vue de la porte des eaux à Graudenz (Grudziadz, Pologne). Cette ville, fondée au XIe siècle par le roi polonais **Boleslas Ier**, a été entièrement reconstruite par les Teutoniques à partir de 1234. Avec le développement du commerce, elle devient une plaque tournante de la Ligue, au même titre que **Danzig** ou **Thorn**. (photo Lukasz Dabrowski.)

La conquête de la Prusse

L'artisan de la conquête est un Chevalier teutonique saxon du nom de **Hermann Balk**. Anciennement maître provincial d'Allemagne, il devient le premier maître de Prusse en 1229. L'année suivante, il commence l'invasion du pays[32]. À la demande de l'Ordre, une croisade est prêchée dans toute l'Europe, ce qui attire un bon nombre de pèlerins armés, lesquels préfèrent la Baltique à un Orient de moins en moins sûr. De puissants princes séculiers se joignent à l'entreprise, ainsi que des nobles d'Allemagne du Nord, de Pologne et de Bohême. Ces croisés laïcs sont d'une aide importante lors des batailles en terrain dégagé, où les Prussiens ne peuvent rien face à des chevaliers lourdement armés. Par contre, les autochtones triomphent généralement lorsqu'ils parviennent à tendre des embuscades à leurs ennemis en forêt.

Constatant que la maîtrise du terrain est la clef du succès, Hermann Balk fait construire des petits forts à faibles distances les uns des autres, ce qui permet de quadriller le territoire et de harceler les païens. Dès qu'une région est suffisamment sécurisée, l'on fonde une ville où l'on invite des colons venus de Pologne et du Saint-Empire. Ceux-ci sont soumis à un corpus législatif relativement libéral, appelé « droit de Culm » en référence à l'une des premières villes de la Prusse chrétienne. Attirés par la perspective de trouver de nouvelles terres et de vivre une certaine ascension sociale, les colons ne tardent pas à affluer. C'est ainsi que Thorn (Torun), Elbing (Elblag) ou Culm (Chelmno) voient le jour. En 1255, l'Ordre fonde la ville de Königsberg (« Mont-royal », act. Kaliningrad), nommée en la mémoire de son allié du moment, le roi **Ottokar Premysl II** de Bohême. Soumises au contrôle étroit des officiers teutoniques et reliées par des accords à la ligue hanséatique, la puissante corporation marchande d'Europe du Nord, ces villes seront pour une bonne part à l'origine de la fortune de l'Ordre.

D'une manière générale, la stratégie est assez proche de ce que les Teutoniques ont pu apprendre en Terre sainte. De même, l'on collabore volontiers avec les autochtones qui le désirent :

les auxiliaires prussiens, coures ou lives, qui peuvent dans certains cas continuer à pratiquer leur religion traditionnelle en échange de leur fidélité[33]. Malgré le discours de guerre religieuse, le pragmatisme l'emporte souvent – tout comme sur les rives du Jourdain. Et si la configuration politique ressemble à ce qui se passait en Terre sainte, l'Ordre y rencontre des difficultés comparables.

Assez tôt, l'Ordre teutonique se trouve en compétition avec d'autres pouvoirs chrétiens. Une guerre féroce oppose, entre 1242 et 1253, les Chevaliers au duc Swietopelk de Pomérélie (Poméranie orientale), lequel était fort peu enclin à voir les Teutoniques s'implanter si près de ses possessions. Maître de la ville de Danzig, carrefour commercial ouvert sur la Baltique, Swietopelk construit des forts sur le modèle teutonique et s'allie avec les Prussiens, païens ou convertis, dans le but de refouler le nouveau venu. Ce premier adversaire sérieux de l'Ordre est finalement vaincu au bout de dix ans, avec l'appui d'autres princes polonais et des légats du pape. Et ces derniers font durement sentir leur poids dans les négociations de paix : c'est ainsi que, sous l'influence du légat français Jacques Pantaléon, le futur pape **Urbain IV**, les Teutoniques reconnaissent des droits aux Prussiens qui accepteraient de déposer les armes et de se convertir (traité de Christburg, 1249). Ceux-ci devraient notamment bénéficier de l'accession à la chevalerie ou à la prêtrise, du droit à la propriété privée, et de la possibilité d'être subventionnés par l'Ordre lorsqu'ils veulent construire une église. Quant à ceux qui veulent rester fidèles au paganisme, on leur laisse *de facto* la possibilité d'émigrer en Lituanie.

Mais Rome demande encore d'autres concessions, comme des évêchés indépendants, et la cessation de plusieurs provinces aux alliés laïcs qui ont réussi à les conquérir. Tout en honorant dans un premier temps ses promesses, l'Ordre garde un œil sur les territoires qu'il estime devoir lui revenir. Pas question de partager le pouvoir, d'autant plus que, sur le plan militaire, les Teutoniques gardent la main. En jouant avec les divisions de leurs adversaires, ils parviennent en quelques décennies à soumettre l'ensemble de la Prusse. Pendant ce temps, les hommes à la croix noire se sont également implantés en Livonie, un vaste ensemble territorial correspondant plus ou moins au nord de l'actuelle Lettonie et à la majeure partie de l'Estonie.

Ulrich von Liechtenstein (m. 1275), chevalier autrichien et poète de renom. Au XIIIe siècle, de nombreux seigneurs laïcs venus d'Europe centrale ou du Saint-Empire appuyaient l'Ordre teutonique dans son combat contre les Prussiens. *Codex Manesse*. (photo Bibliothèque Universitaire de Heidelberg, Cod. Pal. germ. 848, fol. 237r.)

[32] *Ibid.*, p.189-217.
[33] K. Klavins, *"The Ideology of Christianity and Pagan Practices among the Teutonic Knights"*, *Journal of Baltic Studies* n°37/3, 2006, p.260-276.

Vue des ruines du château de Thorn, fondé en 1255 par les Teutoniques. Pillé par les habitants de la ville le 8 février 1454, au début de la Guerre de Treize Ans. Le Conseil de Thorn décide alors de le ruiner. (photo Jan Mehlich.)

L'héritage livonien

Avant l'arrivée des Chevaliers teutoniques, plusieurs factions chrétiennes se disputaient le pouvoir en Livonie : d'une part, l'évêque de Riga et les colons venus d'Allemagne ou de Scandinavie, d'autre part, les **Chevaliers Porte-Glaives**, membres d'un très sulfureux ordre religieux-militaire[34]. Fondée par des religieux et des marchands installés dans l'estuaire de la Daugava, la colonie catholique de Livonie a pour cœur Riga, ville née au début du XIIIe siècle sous l'impulsion de l'évêque **Albert de Buxhovden**. Ce même personnage est aussi le probable créateur de l'Ordre des Chevaliers Porte-Glaives, ou plus exactement des Frères Chevaliers du Christ de Livonie (*Fratres Militiae Christi*). Tenant leur surnom de la croix et de l'épée rouge frappant leurs manteaux blancs, ces moines-soldats, formés sur le modèle des Templiers ont pour mission de protéger la jeune Livonie chrétienne. Guerriers implacables, ils ne tardent pas à échapper à tout contrôle et à prendre trop de pouvoir aux yeux des bourgeois de Riga et des différents évêques de la région. Qui plus est, le roi de Danemark **Valdemar II**, s'étant emparé du nord de l'actuelle Estonie, où il fonde Reval (appelée par les autochtones Tallinn, « la ville des Danois »), un nouveau compétiteur se heurte à l'ambition des Porte-Glaives. Des heurts éclatent et l'on en appelle au pape **Grégoire IX**, lequel envoie ses légats pour juger l'affaire.

De ce contexte difficile, il nous est parvenu des témoignages qui, même s'il faut se garder des exagérations typiques des sources médiévales, n'en révèlent pas moins le niveau de violence dont pouvaient faire preuve les Porte-Glaives. Non contents d'empêcher les païens d'accéder au baptême, *"Ils ravagèrent leurs provinces au moyen d'incendies et d'homicides* [...] *réduisant les néophytes à la servitude, et générant un très grave scandale tant parmi les autres convertis que parmi les païens à convertir"*[35], mais encore : *"Ils tuèrent plus de cent vassaux de l'Église romaine* [...], *répandant le sang des corps tant dans le cimetière que dans l'église, sur l'autel ; réunissant les corps en une pile, ils érigèrent un des tués, qui avait été le plus fidèle à l'Église, sur le tas des autres tués, comme s'il tenait le rôle du seigneur pape"*[36]. Voici ce que l'on a raconté au pape Grégoire IX, lequel énumère ces supposés crimes dans une lettre.

La mauvaise réputation des Porte-Glaives ne les empêche pas de diriger, en 1236, une coalition internationale visant la Lituanie, où une dynastie païenne commence à s'imposer.

[34] A. Selart, *Livonia, Rus' and the Baltic Crusades in the Thirteenth Century*, Leiden, 2014.
[35] *Fontes Historiae Latviae Medii Aevi*, éd. A. Švbe, vol. 2/1, Riga, 1937, doc. 204, p.176.
[36] *Ibid.*, doc. 204, p.177. L'anecdote est relevée par C. Christiansen, *Northern Crusade*, p.123.

Vue sur Tallinn.
(photo Georg Mittenecker.)

Guerriers russes et occidentaux. (photo Yann Kervran.)

D'une part, le grand-maître **Volkwin** a passé une alliance avec la cité russe de Pskov, inquiète de la montée en puissance lituanienne. D'autre part, des croisés venants du Holstein viennent de débarquer à Riga, et ne demandent qu'à se battre. L'on planifie donc l'invasion de la Lituanie. En septembre 1236, les Chevaliers Porte-Glaives se mettent en marche, entraînant leurs hôtes, leurs alliés russes et quelques auxiliaires recrutés chez les Baltes déjà soumis. Ayant traversé le pays des Sémigalliens, ils s'attaquent aux Samogitiens, de féroces guerriers alliés aux Lituaniens. Après quelques déprédations, les chrétiens tentent de regagner la Livonie, mais ils s'aperçoivent trop tard qu'une troupe de Samogitiens, de Lituaniens et de Sémigaliens leur barre le passage. Nous sommes au lieu-dit de Saule, le 22 septembre 1236. La bataille est un véritable carnage. Le grand-maître Volkwin est tué, avec la moitié de ses hommes. L'Ordre des Chevaliers Porte-Glaives est littéralement fini.

Depuis quelques années, une fusion entre les deux ordres religieux-militaires actifs sur les rives de la Baltique était en cours de négociation. Très affaiblis par la défaite de Saule, les Porte-Glaives doivent s'incliner. Le 12 mai 1237, l'incorporation pure et simple des survivants à l'Ordre teutonique est officiellement confirmée par décret pontifical. C'est ainsi que les hommes de Hermann de Salza s'implantent en Livonie, et récupèrent les possessions de leurs prédécesseurs.

Avec l'arrivée des Teutoniques et la disparition des Porte-Glaives, la violence entre les différentes factions chrétiennes diminue, mais une certaine rivalité persiste : Riga, notamment, a été érigée en archevêché afin de donner plus de pouvoir et de légitimité à son dirigeant. Pour calmer le jeu, les Teutoniques cèdent l'Estonie au roi de Danemark, par le traité de Stensby (1238). Pendant plus d'un siècle, cette province, érigée en duché, sera formellement danoise, mais administrée par des seigneurs laïcs originaires d'Allemagne. Elle ne reviendra aux Teutoniques qu'en 1346.

Statue représentant Albert de Buxhövden, le premier évêque de **Riga** et fondateur de la ville. Sous son épiscopat, l'Ordre des Chevaliers Porte-Glaives de Livonie a vu le jour. (photo Artifex.)

Le récit de la "bataille sur la glace", le 5 avril 1242, dans la *Chronique enluminée du tsar Ivan-le-Terrible*, vie d'Alexandre Nevski (XVIe siècle). (photo Terebenin Vladimir, Bibliothèque nationale de Russie, Saint-Pétersbourg, Ms, F. IV.233.)

La confrontation de Novgorod

Momentanément en paix avec leurs voisins catholiques, les Chevaliers à la croix noire essaient d'entreprendre la conquête des territoires païens situés au-delà du lac Peïpous, lequel fait (toujours actuellement) frontière entre l'Estonie et la Russie. C'est alors que l'Ordre entre en conflit avec la puissante principauté de Novgorod. Contrairement à ce qui a longtemps été soutenu dans l'historiographie tant russe qu'occidentale, ces entreprises ne visaient nullement à soumettre la Russie, et n'avaient pas obtenu le soutien de la Papauté. Il semble plus probable que les raids teutoniques contre des païens fenniques plus ou moins dépendants de Novgorod aient suscité le courroux de celle-ci, ce qui a mené à la confrontation[37].

Les principautés russes, dans lesquelles l'aristocratie marchande jouait un rôle politique déterminant, n'étaient au demeurant pas plus unies que les entités catholiques qui constituaient la Livonie. Pourtant, quand les Teutoniques et leurs alliés prennent la ville de Pskov en 1240, les boyards de Novgorod sentent la menace. Bien que ce coup de main résulte d'une dispute locale et non d'un plan d'invasion à grande échelle, les armées livoniennes se trouvent décidément trop

Alexandre Nevski, prince de Novgorod et vainqueur des Teutoniques en 1242, a été canonisé par l'Église orthodoxe au XVIe siècle. Sur cette fresque, datée de 1666, il est représenté avec l'auréole dorée des saints. (photo Shakko, cathédrale de l'Archange, Kremlin de Moscou.)

Un Chevalier teutonique se fait terrasser par un cavalier russe. (photo Yann Kervran.)

Les murailles du kremlin (« forteresse ») de Pskov, prise par l'Ordre teutonique en 1240. D'après les chroniques russes, la brutalité des frères envers les habitants de cette cité pourtant rivale incita les boyards de Novgorod à organiser la riposte. (photo Sachkv.)

près. D'après la *Chronique de Novgorod*, la violence des soldats allemands à l'égard des Pskoviens aurait incité leurs voisins et rivaux à placer à leur tête un prince capable de les défendre. Leur choix se porte sur **Alexandre Jaroslavovitch**, qui avait déjà démontré ses talents militaires en infligeant une défaite aux Suédois sur les bords de la Neva (1240), ce qui lui vaut le surnom *Nevski* (« Alexandre de la Neva »).

C'est sans peine qu'Alexandre reprend Pskov, dans laquelle on n'avait laissé que deux Chevaliers teutoniques et une petite garnison allemande, puis marche sur la Livonie à la fin de l'hiver 1242. Les Teutoniques et leurs auxiliaires tentent de l'arrêter, vraisemblablement non loin du lac Peïpous. Trop éloignés de leurs bases et pas assez nombreux, ils sont défaits. Une chronique russe tardive raconte que la bataille eut lieu directement sur les glaces du lac, lesquelles se fendirent et engloutirent quelques combattants. Bien plus tard, le cinéaste soviétique **Sergueï Eiseinstein** eut l'idée de mettre en scène les Teutoniques, lourdement armés et montés sur leurs puissants destriers, avalés par les eaux du lac lors de leur fuite[38]…

Telle est l'origine de la fameuse « bataille sur la glace », immortalisée par Eisenstein dans son film *Alexandre Nevski* (1938), et parfois considérée comme une prémisse au choc de « l'Est » contre « l'Ouest ». Pourtant, cette bataille était très vraisemblablement un épisode parmi d'autres d'une simple guerre de frontière. Actuellement, la portée réelle de l'événement est débattue par les historiens russes et leurs confrères baltes[39], mais il semble bien que la défaite ait été assez sévère pour inciter les Teutoniques à renoncer à leurs plans d'expansion. Les âmes des païens vivant sur la rive est du lac Peïpous sont laissées aux missionnaires orthodoxes, et l'on hésite à se confronter aux villes russes gravitant, bon gré mal gré, dans l'orbite de Novgorod. Les Teutoniques concentrent alors leurs ressources sur la pacification de la Prusse et de la Livonie, ce qui, au milieu du XIIIe siècle, est loin d'être acquis.

[37] A. Selart, *Livonia, Rus' and the Baltic crusades* ; V. Portnykh, "La croisade anti-russe a-t-elle jamais existé au treizième siècle ? Réflexions sur le livre récent d'Anti Selart", *Revue d'histoire ecclésiastique*, vol.113, n°3/4, 2018, p.885-894.

[38] D. Ostrowski, *"Alexander Nevskii's Battle on the Ice: The Creation of a Legend"*, *Russian History*, vol. 33, n°2/4, 2006, p.289-312.

[39] Pour un passage en revue de l'historiographie, V. Portnykh, "La croisade anti-russe".

Le sceau du roi de Bohême Premysl Ottokar II, qui appuya l'Ordre teutonique dans une campagne contre les Prussiens de Sambie, en 1255. C'est en son honneur que fut fondée la ville de Königsberg, sur les ruines d'une citadelle prussienne. (dessin de Karl von Sava, *Die Siegel der österreichischen Regenten bis zu Kaiser Max I.*, Vienne 1871.)

Repas entre des frères de l'Ordre teutonique. (photo Jürgen Lenderski, Projekt Deutschritter, Bachritterburg Kanzach.)

Une poigne de fer : l'Ordre teutonique en tant que seigneur territorial

Dès le XIIIe siècle, l'une des critiques récurrentes adressées à l'Ordre teutonique est la violence dont ses membres auraient fait usage pour s'installer en Prusse et dans les autres pays conquis par la suite. Née lors des conflits entre l'Ordre et ses rivaux, l'image de moines-soldats brutaux, manipulateurs et plus préoccupés par la domination temporelle que par le salut des âmes, collera pendant longtemps à la mémoire des Chevaliers.

Lors des années 1230, la conquête de la Prusse ne s'est certainement pas faite dans la douceur, mais l'Ordre s'est encore endurci à partir de la seconde moitié du XIIIe siècle. Sous la pression du légat **Jacques Pantaléon** de Troyes, les Chevaliers acceptent le traité de Christburg, en 1249, qui garantit de nombreuses libertés aux Prussiens convertis, anciens alliés du duc **Swietopelk** de Pomérélie. Mais les clauses du traité ne seront pas longtemps respectées. Aux alentours de 1260, les Teutoniques font face à une nouvelle révolte prussienne, soutenue par **Mestwin**, le fils de Swietopelk. Cette fois-ci, les moines-soldats découvrent des adversaires beaucoup mieux organisés et équipés de machines de siège et d'arcs, disposant d'espions capables d'infiltrer le camp allemand. Redoutables lors des raids menés par voie fluviale comme lors des batailles ou des sièges, et n'hésitant pas à massacrer les colons qui leur tombent entre les mains, les insurgés mettent sérieusement à mal les positions teutoniques. C'est l'intervention des croisés allemands, en particulier des princes de Brunswick, Thuringe et Brandebourg, qui rétablira la situation en faveur de l'Ordre ; et la punition des rebelles ne se fera pas attendre. Leurs forts sont démolis, leurs villages dépeuplés, leurs terres ravagées. Défaites, les tribus prussiennes sont forcées d'émigrer et de rejoindre la Lituanie ou d'accepter de devenir les vassaux de l'Ordre et de voir des garnisons allemandes implantées sur leurs territoires. D'autres révoltes secouent la Prusse à la fin du XIIIe siècle, mais sans succès : en 1283, le dernier chef rebelle, Skomantas, s'avoue vaincu et accepte un titre de noblesse en échange de sa fidélité politique[40]. La Prusse est désormais propriété de l'Ordre Teutonique.

Dans l'ensemble, la seconde moitié du XIIIe siècle est très difficile pour les Prussiens : les tribus rebelles, dont la cruauté est très vraisemblablement exagérée dans les chroniques teutoniques[41], paient lourdement leurs velléités d'indépendances[42]. La répression menée par les Teutoniques est suivie d'une nette détérioration du statut des natifs. Les chefs de clans reçoivent un titre de noblesse, ce qui en fait des vassaux de l'Ordre, mais ils perdent leur ancien statut. Quant à eux, les Prussiens du commun sont utilisés comme serfs ou comme auxiliaires militaires : soumis aux lois appelées « coutumes prussiennes », ils sont progressivement assimilés aux sujets d'un système féodal tel qu'on le connaît en Europe occidentale. Leur conversion spirituelle est laissée aux bons soins des religieux installés dans la foulée des Teutoniques.

La lutte armée contre les Prussiens récalcitrants n'est toutefois pas encore terminée, puisque ceux qui ne voulaient pas abandonner leur religion se sont retranchés en Lituanie païenne, et continuent de harceler l'occupant allemand par des raids qui ressemblent à ce que nous appellerions de nos jours une guérilla. La défense des territoires frontaliers est alors confiée à des Prussiens convertis, qui connaissent bien le terrain et sont plus adaptés que des chevaliers lourdement armés pour répondre à ces attaques. La conviction religieuse ou politique autant que l'opportunisme et le code de l'honneur (venger les outrages que des rebelles auraient pu leur faire subir) expliquent l'attitude de ces hommes qui ont choisi le parti des vainqueurs.

[40] S.C. Rowell, p.52-55.
[41] S. Gouguenheim, *Les Chevaliers Teutoniques*, p.209.
[42] D. Buschinger et M. Olivier, *Les Chevaliers Teutoniques*, p.130-133.

Evocation de la conversion des Ruthènes (Russes et Ukrainiens) à la fin du Xe siècle. (photo *Wikimedia Commons*)

Broche présentant une croix, témoin de la christianisation progressive de la société estonienne. (photo Loïc Chollet, Musée d'Histoire de Tallinn.)

Statue de saint Christophe en bois, env. 2,4 m (début XVIe siècle). Les villes de Prusse et de Livonie, partenaires commerciaux de la Hanse, sont culturellement proches des cités marchandes d'Europe du Nord. (photo Loïc Chollet, Musée d'Histoire et de la navigation, Riga.)

[43] B. Kedar, *Crusade and mission*, Princeton 1984 ; J. Muldoon, *Popes, Lawyers, and Infidels. The Church and the Non-Christian World, 1250-1550*, Philadelphie 1979 ; J. Richard, *Histoire des croisades*, p.372-379.

La question des convertis

Outre la brutalité dont il aurait fait preuve vis-à-vis de ses sujets et de ses adversaires, le trait que l'on a le plus souvent reproché aux Teutoniques est leur supposé désintérêt pour l'évangélisation des infidèles. Ces deux accusations ne sont paradoxales qu'à première vue : poussés par une soif de domination temporelle, les Chevaliers à la croix noire auraient utilisé la propagation de la foi comme un prétexte pour usurper les terres de populations non-chrétiennes, sans avoir le moindre souci de leur apporter la bonne parole. Selon bon nombre de ses adversaires, les frères de l'Ordre seraient donc non seulement violents, mais aussi hypocrites.

Sans forcément être dénuées d'une certaine réalité, ces critiques sont largement politisées. Les privilèges papaux et impériaux font des Teutoniques les seigneurs de la Prusse, mais ils doivent partager le pouvoir en Livonie : l'archevêque de Riga et les différents évêques de la région n'entendent pas abandonner leurs droits, ce qui provoque d'incessantes querelles. La rivalité porte sur des motifs économiques ou territoriaux, mais la question des convertis se trouve au centre de bien des disputes, qui voient s'affronter deux visions du travail missionnaire. Cette problématique concerne également la Prusse, puisque l'évêque Christian est l'un des premiers à accuser les Teutoniques de négligence.

L'Église, représentée par les évêchés indépendants et les légats pontificaux, ne collabore pas sans réserve à l'entreprise de conquête menée par l'Ordre teutonique. Au contraire, les ecclésiastiques prennent souvent la défense des convertis dont les droits auraient été bafoués[43]. Considérant que le baptême doit apporter le bien-être également ici-bas, l'Église médiévale s'efforce de garantir aux néophytes un statut social au moins équivalent à celui qui était le leur auparavant. Qui plus est, les ordres religieux-militaires, tout comme les soldats laïcs qui accompagnent les missionnaires, sont censés se contenter du rôle de protecteurs armés. Du point de vue de Rome, les Teutoniques, tout comme les Templiers et les Hospitaliers en Orient, ont pour tâche de sécuriser les territoires chrétiens, éventuellement de briser la puissance militaire des infidèles pour que ceux-ci ne représentent plus de menace. Et là où ils reçoivent des seigneuries, ils doivent traiter leurs sujets nouvellement christianisés avec respect.

Tout ceci est valable en théorie. Mais les Chevaliers teutoniques réfléchissent en militaires, pas en juristes ni en théologiens. Forcés, disent-ils, de se montrer impitoyablement pragmatiques, ils accordent une certaine liberté à une petite élite de guerriers fidèles (parfois sans exiger d'eux le baptême !), mais ils se gardent bien d'étendre ce droit à la totalité des convertis, lesquels sont traités comme de simples serfs. Les services de ces derniers étaient demandés notamment pour construire, entretenir et défendre les châteaux de l'Ordre, ce que la hiérarchie ecclésiastique se résout à accepter, pour cause de nécessité militaire. Dans une région où les attaques des païens sont fréquentes, aucune main n'est de trop pour assurer la protection des fidèles, même sous la contrainte. Les droits des néophytes sont ainsi sacrifiés à la cause « sacrée » qu'est la défense de la chrétienté.

Le pape Innocent IV ordonne aux dominicains de Cracovie de prêcher la croisade en Prusse et en Livonie. Pour le Saint-Siège, les croisés doivent briser la puissance militaire des païens, mais ne sauraient se substituer aux missionnaires. (photo Archives centrales des actes historiques, Varsovie.)

Fresque de saint Michel dans le château de Mareza. (photo Tomasz Przechlewski.)

Les murailles de Tallinn. Avec leurs fortifications de pierre, leurs églises et leurs bâtiments seigneuriaux, les villes représentent une sorte d'îlot « occidental » dans les provinces de Prusse et de Livonie. Toutefois, de nombreux contacts existent entre les Teutoniques et les autochtones, notamment lors des opérations militaires. (photo Loïc Chollet.)

Ernest Board, *Roger Bacon dans son observatoire au Merton College à Oxford.* Peinture sur huile non datée, XIXe siècle. Le franciscain anglais **Roger Bacon**, connu pour son audace scientifique, a également plaidé en faveur d'une conversion des infidèles par la douceur. Selon lui, les Chevaliers teutoniques représentent l'exact contraire de ce que devraient être des missionnaires. (photo *Wellcome image.*)

À la tête de leur État militarisé, les Teutoniques ne se chargent pas eux-mêmes de l'évangélisation des autochtones. Cette tâche est dévolue à des missionnaires, cisterciens puis dominicains et franciscains. Les tensions sont vives, et il n'est pas rare d'entendre des religieux proférer l'accusation selon laquelle les moines-soldats négligeraient d'apporter le baptême à leurs sujets. Selon cette optique, les frères à la croix noire maintiendraient volontairement les Baltes dans un « semi-paganisme » afin de mieux les exploiter, car les droits des infidèles sont bien moindres que ceux des chrétiens… C'est ainsi que l'un des esprits les plus brillants du Moyen Âge européen, le franciscain anglais **Roger Bacon**, utilise les Teutoniques comme contre-exemple. Dans son traité de science et de théologie appelé *Opus maius* (1268), Bacon plaide pour une conversion par la parole, censée être plus efficace que les mesures brutales utilisées par les ordres militaires en Terre sainte et dans la Baltique :

"Quand les Chrétiens parlent avec des païens comme les Prussiens ou d'autres nations voisines, ceux-ci sont facilement convaincus, et se rendent compte qu'ils sont dans l'erreur. […] *Ils deviendraient très volontiers chrétiens si l'Église leur permettait de garder leur liberté et de profiter de leurs possessions en paix. Mais les princes chrétiens qui travaillent à leur conversion, et spécialement les frères de l'Ordre teutonique, désirent les réduire en esclavage"*[44].

Les Teutoniques étaient certainement moins préoccupés par le salut de leurs sujets que par le succès de leurs opérations militaires, mais il serait néanmoins faux d'imaginer qu'ils aient systématiquement entravé l'œuvre d'évangélisation menée par d'autres ordres religieux. Au contraire, les Chevaliers mettent sur pied des écoles, afin d'instruire des prêtres parlant la langue locale. Des fils de la noblesse balte y sont également

éduqués, dans le but de favoriser l'émergence d'une caste chrétienne parmi les natifs. L'évangélisation, toutefois, reste lente : si une partie importante des élites autochtones adopte progressivement le christianisme et les codes de la chevalerie, la majorité des Prussiens et des Livoniens échappe partiellement à ce processus.

À l'époque médiévale, une certaine cohabitation religieuse est la règle dans les pays dominés par l'Ordre teutonique : les villes sont chrétiennes, peuplées essentiellement par des colons originaires d'Europe catholique ou des Baltes christianisés, alors qu'un certain syncrétisme entre christianisme et paganisme prévaut à la campagne. Les observateurs notent même parfois que des clans entiers maintiennent leurs pratiques religieuses ancestrales avec la bienveillance des Teutoniques, en échange de leur fidélité[45]. Ce qui explique sans doute qu'au début du XVe siècle, des visiteurs français constateront que certains sujets de l'Ordre teutonique étaient encore païens[46].

Dans l'ensemble toutefois, à partir de la seconde moitié du XIIIe siècle, les églises font une plus large apparition dans le paysage prussien et livonien, et quasiment tous les chefs de clans rejoignent, bon gré mal gré, le modèle religieux et culturel importé par l'Ordre teutonique. Pour ceux-ci, l'avantage est certain, puisqu'ils obtiennent ainsi les droits promis aux nobles chrétiens ; d'autant plus que l'Ordre sait se montrer généreux en pardonnant même à ses plus implacables ennemis. Pour les autres, le choix n'est pas tellement entre la liberté ou la soumission, mais entre la dépendance face à deux redoutables puissances militaires : l'Ordre teutonique et la principauté de Lituanie. Par leur position géographique, Prussiens et Livoniens seront aux premiers rangs lors de la guerre qui va déchirer la Baltique durant tout le XIVe siècle.

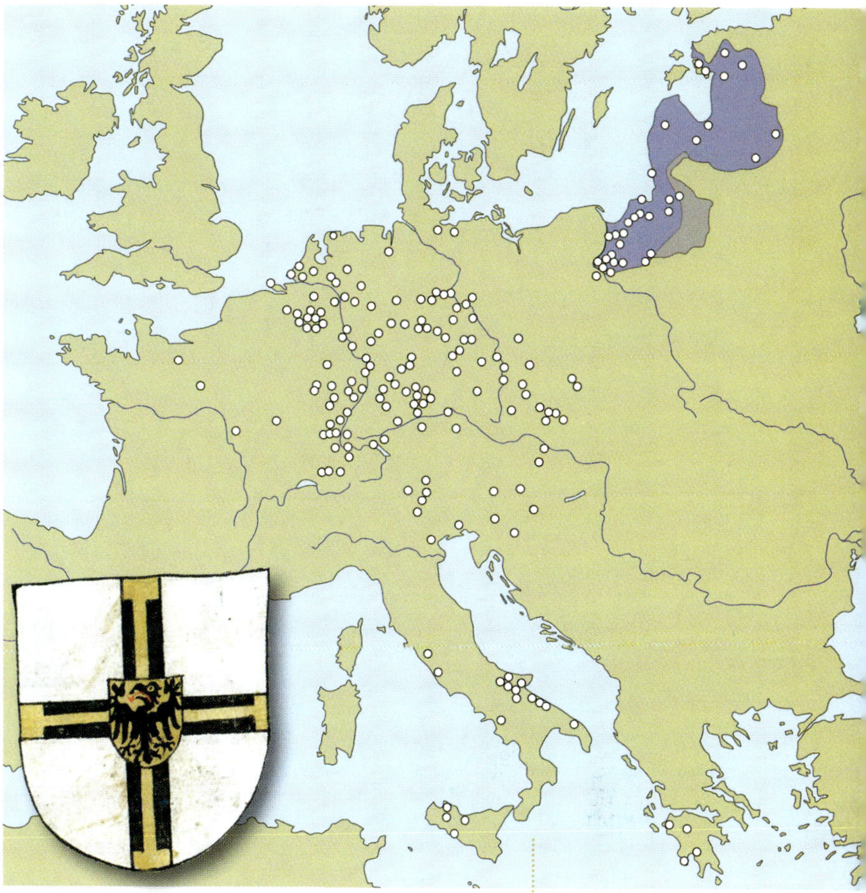

Carte des villes et châteaux fondés par les Teutoniques. [En violet] : la zone controlée par l'Ordre. (DAO Damien Bouet.)

[44] Roger Bacon, *Opus Maius*, éd. Bridges, Francfort 1964, vol. 2, p.376-377 ; E. Christiansen, *Northern Crusades*, p.146.

[45] K. Klavins, *"The Ideology of Christianity and Pagan Practices among the Teutonic Knights"*.

[46] Voir L. Chollet, "Croisade ou évangélisation ? La polémique contre les Chevaliers teutoniques à l'aune des témoignages des voyageurs français de la fin du Moyen Âge", *Ordines Militares*, 20, 2015, p.175-203.

La mer Baltique à Neringa, en Lituanie. (photo Loïc Chollet.)

Venceslas II, roi de Bohême et de Pologne. Le fils d'**Ottokar Premysl II**, grand allié de l'Ordre teutonique, a été roi de Pologne à partir de 1300, jusqu'à sa mort en 1305. *Codex Manesse.* (photo Ruprecht-Karls-Universität Heidelberg.)

Au cœur de la grande politique

Entre Riga et la Pologne

Au début du XIVe siècle, l'Ordre teutonique se trouve à la tête d'un État étendu mais disparate, sans continuité territoriale. S'ils règnent sans partage en Prusse, la position des Chevaliers reste fragile en Livonie. Riga, notamment, n'entend rien leur céder. Qui plus est, la période est difficile pour les ordres religieux-militaires, qui voient leur prestige s'écrouler après la chute de Saint-Jean d'Acre (1291). En Europe, l'on se demande

Le sceau de la ville de Riga. Bien que la situation se soit plus ou moins améliorée depuis l'élimination des Porte-Glaives, la rivalité commerciale et politique reste vive entre Riga et l'Ordre teutonique. Au début du XIVe siècle, l'archevêque **Frédéric de Pernstein** donnera du fil à retordre aux Chevaliers. (photo Loïc Chollet, Musée d'histoire et de la navigation, Riga.)

Vue de la tour Danske de l'imposante forteresse de **Marienwerder**. Construite à partir de 1280, elle reste aux mains des Teutoniques jusqu'en 1457. (photo Georges Bernage.)

à quoi peuvent encore servir ces moines-soldats, qui n'ont pas été capables de protéger les lieux de la Passion. Ce climat de méfiance, voire d'hostilité profite à ceux qui ont des comptes à régler avec ces puissantes corporations. L'on se souvient du sort qui a été fait aux Templiers par le roi de France **Philippe le Bel**.

Au sein de l'Ordre teutonique, deux tendances se font face : certains frères préfèrent tout miser sur la Baltique et y déplacer le siège du grand-maître, alors que d'autres souhaitent intensifier la lutte en Méditerranée orientale[48]. Dans un premier temps, l'on choisit Venise comme capitale, ce qui laisse entendre que l'Ordre n'a pas abandonné sa mission originelle. Pont entre l'Europe et l'Asie, Venise est effectivement le point de départ pour une éventuelle reconquête de la Terre sainte. Pourtant, l'archevêque de Riga, **Frédéric de Pernstein**, mène une campagne diplomatique à la Curie, accusant les Teutoniques d'opprimer les convertis, de négliger leur conversion et de terroriser les chrétiens qui s'opposent à eux. Pire encore, l'on rapporte qu'ils brûlent des églises, pactisent avec les ennemis du Christ, font du commerce avec eux et n'hésitent pas à achever leurs propres blessés !

Curieusement, toutes ces accusations sont partiellement reflétées par les chroniques écrites au sein de l'Ordre : hommes souvent frustes, issus de la petite noblesse, les Teutoniques sont avant tout des soldats, qui ne s'encombrent pas de principes lorsqu'ils sont au front[49]. Qui plus est, l'omniprésence des auxiliaires natifs partiellement christianisés impose une sorte de cohabitation religieuse aux moines-soldats venus d'Allemagne. Si l'on en croit certains extraits de chroniques, ceux-ci prenaient au sérieux les rituels divinatoires des Baltes et, en fonction des circonstances, ils pouvaient être capables de tuer leurs blessés ou de brûler leurs morts, afin d'éviter que ceux-ci ne tombent aux mains des ennemis[50]. En dépit de l'idéologie de guerre sainte professée par les auteurs proches de l'Ordre, la frontière religieuse est tout sauf étanche.

Le légat **Francis de Moliano**, envoyé en 1311 par le pape **Clément V** pour enquêter au sujet de ces prétendues « déviances », n'a aucun mal à regrouper des témoignages accablants, d'autant plus que les Rigois n'allaient pas se priver de parler… Il résulte qu'en juillet 1312, les Chevaliers et leur grand-maître sont excommuniés. Bien que cette peine soit annulée l'année d'après, le message est clair : les Teutoniques doivent rester prudents afin d'éviter la dissolution. C'est alors que le grand-maître **Siegfried de Feuchtwangen** fait le choix de déplacer le siège de l'Ordre à Marienburg, une immense forteresse située au cœur de la Prusse. L'idée est de transformer le principal fief des Chevaliers en un bastion inexpugnable,

Gravure du XVIIe siècle représentant le grand-maître Charles de Trèves. *Porträtsammlung* après 1684. (photo Bildarchiv Austria.)

Heaume, Allemagne. (photo Thom Quine, Altes Museum, Berlin.)

protégé par de nombreux ch
une puissante armée. C'est tou
ent de diplomate du success
Feuchtwangen, **Charles de T**
qui, à force d'éloquence et de c
promis, permet à l'Ordre de r
gner une certaine respect
auprès des puissances euro
Mais rien n'est encore joué.

Entre-temps, la situation s
aggravée par la rivalité entre
la Pologne, situation consé
prise de Danzig, en novem

[48] K. Militzer, *"The Teutonic Knight*
Emperors and Popes", *in* J. Sarnowsk
Mendicants, Military Orders, and Regi
Aldershot, 1999, p.71-82 ; S. Lotan, "
Knights and their Attitude about Musli
in the Latin Kingdom of Jerusalem and
Region", *in* C. Hess, J. Adams (éds.),
Loathing in the North, Berlin, 2015, p.

[49] K. Klavins, *"The Ideology of Chris*
Pagan Practices among the Teutonic

Sculpture représentant le grand-maître Siegfried de Feuchtwangen, qui déplaça le siège de l'Ordre teutonique à **Marienburg**. (photo Jan Jerszynski, Zamek Malbork.)

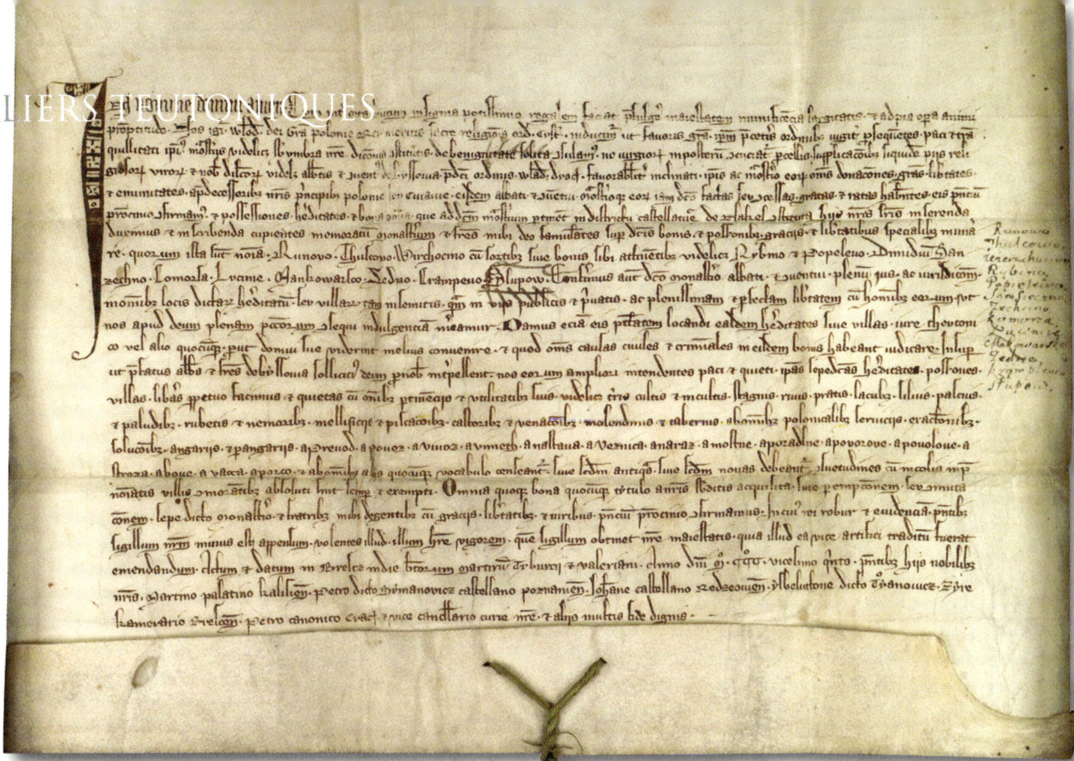

Une charte du roi **Ladislas de Pologne**, concernant les privilèges des cisterciens de **Byszewo**. (photo Varsovie. Zbiór Dokumentów Pergaminowych.)

Antoni Boys, *Portrait du roi Ladislas Lokietek*, environ. 1580. (photo Kunsthistorisches Museum, Vienne.)

Appelés à l'origine pour défendre la ville contre le margrave de Brandebourg, les Teutoniques s'en emparent violemment, mettant à mort une partie de la population. Ils s'attirent ainsi le courroux de leur ancien allié, le duc de Cujavie, **Ladislas Lokietek** («le Bref»). Énergique et sans scrupule, celui-ci est en train de s'imposer comme le nouvel homme fort de la Pologne[51]. Affaiblis par les attaques des Mongols au XIIIe siècle, les vastes duchés polonais (Mazovie, Silésie, Grande et Petite Pologne) ont laissé la place à de plus petites entités territoriales, tenues par une noblesse qui verrait d'un bon œil le retour à un pouvoir royal fort, comme le pays l'a connu autour de l'an mil. Au fait des aspirations de la noblesse polonaise, Ladislas de Cujavie se rêve en restaurateur de l'unité nationale. Non sans succès: en 1320, il reçoit la couronne royale, avec l'appui de Rome.

Incité à la méfiance par le renforcement de la puissance teutonique sur ses frontières septentrionales, le nouveau monarque joint sa voix à celle de l'archevêque Pernstein, et lance à son tour de lourdes accusations contre les Teutoniques. Un procès a lieu à Inowroclaw en 1320-1321, au terme duquel les frères à la croix noire sont condamnés. Ceux-ci rejettent la sentence, du fait que tous les juges étaient connus pour être des amis du roi Ladislas[52]... La guerre contre la Pologne reprend quelques années plus tard, jusqu'à la victoire polonaise lors de la bataille de Plowce (27 septembre 1331). Les Teutoniques, toutefois, se ressaisissent et prennent la ville de Brzesc Kujawski l'année suivante. Un nouveau procès sera intenté en 1339 par le fils de Ladislas, le roi **Casimir le Grand**, sans plus de succès. Une paix est finalement signée à Kalisz en 1343 : pendant un demi-siècle, les Chevaliers teutoniques entretiendront de bonnes relations avec leurs voisins polonais. La principale menace, mais aussi leur unique

[50] R. Mazeika, L. Chollet, *"Familiar Marvels? French and German Crusaders and Chroniclers Confront Baltic Pagan Religions"*, *Francia* n°43, 2016, p.41-62.

[51] P. Knoll, *The Rise of the Polish Monarchy*, Chicago, 1972.

[52] S. Gouguenheim, *Les Chevaliers teutoniques*, p.516-520.

[53] Nous utiliserons le terme français pour parler de la Samogitie, et nommerons simplement le cœur de l'État lituanien *Lituanie*.

[54] M. Heller, *Histoire de la Russie et de son empire*, Paris, 1997, p.115-116.

[55] Sur la Lituanie des XIIIe et XIVe siècles, S. C. Rowell, *Lithuania Ascending* ; Z. Kiaupa, J. Kiaupiene, A. Kuncevicius, *History of Lithuania before 1795*, Vilnius, 2000.

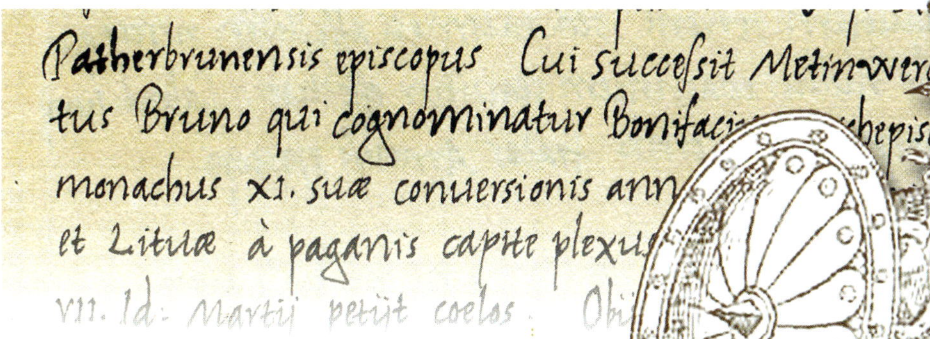

L'extrait des *Annales de Quedlimburg* où apparaît la première mention de la Lituanie (lat. *Lituae*), sous l'année 1009. Copie datée de 1550 par **P. Albinus** et **G. Fabricius** (1550). (photo Sächsische Landesbibliothek, Dresde, Mscr. Dresd. Q.133, Nr. 4, fol. 31v.)

Une représentation tardive de Mindaugas (vers 1578), illustrant le livre *Sarmatiae Europae descriptio*, d'**Alexandre Guagnini**, humaniste italien établi en Pologne. (photo *Creative Commons*.)

chance de maintenir leur raison d'être, sera désormais représentée par la dernière puissance païenne d'Europe : la Lituanie. Il vaut la peine de présenter quel est le visage de cet immense pays qui, tout au long du XIVe siècle, est l'adversaire implacable des frères à la croix noire.

Le baptême du roi Mindaugas

La première attestation de la Lituanie date de 1009, où est mentionné le terme *Lituae* dans les *Annales de Quedlinburg*, un texte retraçant le martyre du missionnaire Bruno de Querfurt, tué *« aux confins de la Prusse, de la Russie et de la Lituanie »*. Ce terme fait référence à l'ensemble des tribus baltes réunies autour de deux régions appelées *Aukstaitija* (« les hauteurs », qui constitue le cœur historique de la Lituanie : Vilnius, Kernave et Trakai) et *Zemaitija* (« les basses-terres », connue en français comme *Samogitie*)[53].

La raison de la soudaine émergence de ce jeune pays reste discutée dans l'historiographie. L'historien russe Michel Heller[54] compare les anciens Lituaniens aux célèbres Vikings, capables de remonter les fleuves de la plaine eurasiatique pour s'installer en tant que commerçants ou chefs politiques parmi les populations slaves. Les Lituaniens possédaient toutefois plusieurs avantages sur leurs prédécesseurs scandinaves : une cavalerie efficace et, à partir du début du XIIIe siècle, un embryon d'État[55].

Reconstitution d'une forteresse lituanienne en bois. À partir du XIVe siècle, la brique fait son apparition dans les constructions militaires du grand-duché. (photo Loïc Chollet, Trakai.)

Sceau attribué au Lituanien Mindaugas, qui reçut le baptême en 1251 et obtint une couronne deux ans plus tard. (photo Lietuvos Dailés Muziejus, Vilnius.)

Poignard, première moitié du XIVe siècle. (photo Loïc Chollet, Museum Murten.)

Aux explications anciennes qui mettaient l'accent sur le rôle des Chevaliers teutoniques comme ayant forcé les clans lituaniens à s'unir, les historiens actuels préfèrent chercher les raisons de l'émergence lituanienne dans l'évolution sociale interne au pays. Celui-ci est progressivement dirigé par une caste guerrière comparable à la noblesse occidentale, qui s'est enrichie grâce aux expéditions de pillage dans les riches principautés orthodoxes, désorganisées par l'invasion mongole des années 1230-1240. Qui plus est, les régions où vivent les Lituaniens sont protégées par une nature sauvage appelée en allemand *Wildnis*, laquelle rend difficile les incursions ennemies, y compris celles des Mongols. Relativement à l'abri, les guerriers lituaniens peuvent développer un armement et des tactiques de combat qui empruntent simultanément à tous leurs voisins, orientaux comme occidentaux ; et l'arrivée de Prussiens ou de Livoniens refusant le christianisme représente un apport démographique et militaire non négligeable au jeune État.

Au milieu du XIIIe siècle, le prince Mindaugas entreprend de regrouper les différents clans sous son autorité, et parvient à faire de la Lituanie un État relativement centralisé, dirigé par un prince au pouvoir étendu. Celui-ci est appelé « roi » par les contemporains et «grand-duc» dans l'historiographie. Autoritaire, Mindaugas tient à distance ses voisins et écarte les membres de sa famille qui chercheraient des alliances externes. Souhaitant confirmer son autorité par un titre royal, il négocie avec la branche livonienne de l'Ordre teutonique et se fait baptiser en 1251[56]. Couronné deux ans plus tard avec la bénédiction du pape **Innocent IV**, il choisit un certain Christian, membre livonien de l'Ordre teutonique, pour occuper le siège épiscopal créé pour l'occasion. Toutefois, la christianisation ne concerne que la personne du roi, et aucune politique coercitive n'est faite pour amener le peuple au baptême.

De fait, le numéro d'équilibriste auquel se livre Mindaugas est extrêmement risqué. Bien qu'il ne s'agisse pas d'une religion unifiée et organisée comme peut l'être le christianisme, le paganisme joue tout de même le rôle de ciment identitaire pour la société lituanienne. À en croire la chronique russe de Galicie-Volhynie, Mindaugas continuait de sacrifier aux dieux lors des fêtes traditionnelles, et ceci même après son baptême. Faute de quoi, il aurait perdu son rôle de chef suprême des clans lituaniens : dans une Europe où religion et politique vont de pair, le grand-duché païen ne fait nullement exception.

Sans surprise, la noblesse lituanienne réagit négativement à la conversion du prince. L'opposition la plus virulente semble venir de Samogitie, une région qui échappe partiellement au pouvoir de Mindaugas. D'après la *Chronique rimée de Livonie*, composée à la fin du XIIIe siècle par un membre de l'Ordre teutonique, le chef samogitien **Treniota** aurait menacé son suzerain en ces termes :

"Les Samogitiens sont fâchés, à cause de toi et de ton pouvoir [...] Tout ce que les Frères t'ont appris depuis qu'ils t'ont détourné de tes dieux est un paquet de mensonges. Ton père était un grand roi, et en son temps, on n'aurait pas pu lui trouver d'égal ! Et maintenant, tu veux créer un joug pour toi et tes enfants, ce qui signifierait que tu ne pourrais plus jamais vivre en liberté ? Tu ferais une grave erreur. Si les chrétiens conquièrent les Samogitiens, tout ton pouvoir et tes richesses s'évanouiraient ; finalement, toi et tes enfants deviendraient des serfs. Comme tu peux être aveugle !"[57]

Au début des années 1260, Mindaugas prend les armes contre les Teutoniques, mais sans rejeter le baptême – du moins pas « officiellement ». Cela ne suffit pas pour apaiser le bouillant Treniota qui, d'après la même chronique, assassine Mindaugas en 1263. Après quelques décennies de troubles, une nouvelle dynastie émerge au début du XIVe siècle, et restaure la puissance lituanienne. Aussi bons diplomates que commandants militaires, les princes qui se trouvent maintenant au pouvoir, donneront bien du fil à retordre aux Chevaliers teutoniques.

Le casque d'un prince russe du XIVe siècle, très richement décoré d'images saintes. (photo *Wikipedia*, Shakko, trésorerie du Kremlin.)

Kernave. (photo Kévin Veau, Flickr.)

[56] R. Mazeika, *"When Crusader and pagan agree: conversion as a point of honour in the baptism of King Mindaugas of Lithuania (c.1240-1263)"* in A. Murray (dir.), *Crusade and Conversion on the Baltic Frontier, 1150-1500*, Aldershot, 2001, p.197-214.

[57] *Livländische Reimchronik*, éd. F. Pfeiffer, Stuttgart, 1844, lignes 6379–6410, cité par E. Christiansen, *Northern Crusades*, p.137.

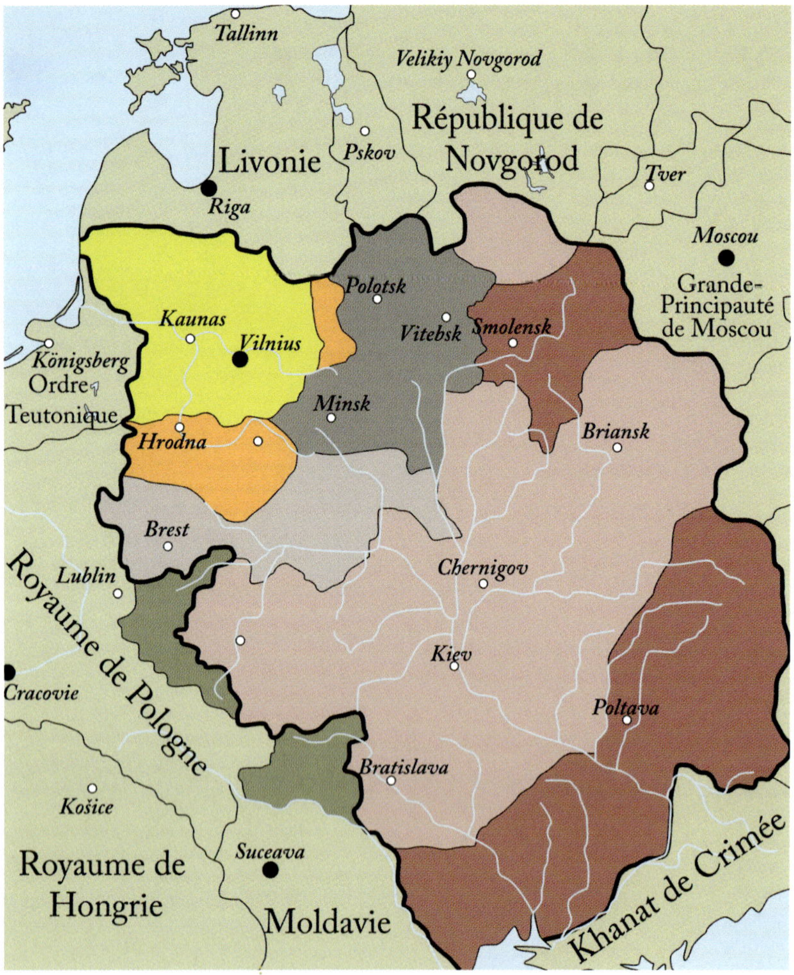

Carte de l'expansion territoriale du Grand-Duché de Lituanie du XIIIe au XVe siècle. (DAO Damien Bouet.)

La Lituanie païenne, un empire multiculturel

Trop occupés par la répression face aux dernières révoltes prussiennes, puis par leur lutte contre Riga et la Pologne, les Teutoniques ne profitent guère du chaos politique ayant suivi la chute de Mindaugas en Lituanie. Et lorsqu'un nouveau prince, appelé **Vytenis**, s'impose, au début du XIVe siècle, il choisit de s'allier à l'archevêque de Riga, l'un des ennemis jurés de l'Ordre. Il semble même qu'il ait fourni une garnison de guerriers païens à la ville archiépiscopale… La frontière religieuse est définitivement ténue dans la Baltique. **Gediminas**, le frère et successeur de Vytenis, entend continuer et même sublimer cette politique. Ne renonçant jamais à la manière forte (les chroniques décrivent les raids terribles que ses hommes mènent parfois en terres chrétiennes), il sait aussi utiliser les codes propres à l'Occident pour obtenir ce dont il a besoin.

Devenu grand-duc en 1316, Gediminas se révèle un excellent diplomate, capable de composer avec l'impressionnante diversité religieuse de son pays. Car Mindaugas a initié non seulement le rapprochement de la Lituanie avec l'Occident, mais encore l'expansion lituanienne vers l'Est, c'est-à-dire vers le monde slave et orthodoxe. Lassés peut-être par les raids des Teutoniques, bon nombre de princes lituaniens quittent leur pays natal pour se tailler un fief sur les anciennes terres de la Russie kiévienne[58] affaiblie par les invasions mongoles du XIIIe siècle. Une fois installés dans leurs nouvelles terres, ces hommes savent se montrer très pragmatiques. Les traditions reli-

[58] Le premier État russe avait pour centre la ville de Kiev ; l'on parle ainsi de Russie kiévienne. Ses habitants sont parfois appelés *Russes*, mais plus fréquemment *Ruthènes*.
[59] S.C. Rowell, *Lithuania Ascending*, p.149-188.

gieuses, politiques et sociales des populations slaves ne sont pas bouleversées, et les nobles lituaniens placés à la tête des principautés orthodoxes n'hésitent pas à adopter la religion de leurs nouveaux sujets. Un rapprochement s'effectue entre les princes lituaniens et la noblesse locale, au point que le ruthène – c'est-à-dire la langue de la Russie kiévienne – devient l'idiome le plus parlé à la cour du grand-duc.

Sur le plan intérieur, Gediminas est connu pour être le fondateur de Vilnius (en 1323). Rapidement destinée à être une capitale incontournable, du fait des routes commerciales passant par le grand-duché, Vilnius se veut une ville tolérante où les chrétiens orthodoxes autant que catholiques et – quelques décennies plus tard – les Juifs comme les musulmans seront les bienvenus. Entrant plus solidement dans le concert des nations par la diplomatie et le commerce, la Lituanie de Gediminas continue son expansion. Le grand-duc compose une politique de mariages avec les familles régnantes de l'Europe du Centre-Est et tente de placer les villes de Pskov et Novgorod dans son giron. En 1321, il prend Kiev et obtient la nomination d'un métropolite fidèle, ce qui – espère-t-il – devrait lui permettre de manipuler l'Église orthodoxe à sa guise[59]. La Lituanie se rêve alors en héritière d'une Russie libérée des Tatars. Mais pour pouvoir se consacrer à leurs objectifs, les grands-ducs ont besoin de calme à leur frontière occidentale. Cette tension sera, durant tout le XIVe siècle, une constante de la géopolitique lituanienne, ce qui n'est pas sans conséquence pour l'histoire des Chevaliers teutoniques.

Statue du grand-duc Géminidas à Vilnius. (photo Bernt Rostad.)

La tour dite de Gediminas, à Vilnius. Cette tour est l'une des rares parties du château médiéval de Vilnius encore visible. (photo Yuri Loginov.)

Les lettres de Gediminas

En 1322, une lettre signée du grand-duc de Lituanie Gediminas parvient en Avignon[60]. Le contenu de la missive fait l'effet d'une bombe diplomatique : le prince du dernier grand pays païen d'Europe explique que lui-même et ses compatriotes seraient tout à fait disposés à recevoir le baptême, mais que les actions des Chevaliers teutoniques ne font qu'éloigner les Lituaniens de la foi. Ainsi : *"Notre prédécesseur, le roi Mindaugas fut converti à la foi du Christ avec tout son royaume, mais à cause des dommages atroces et des innombrables trahisons du maître des frères de la maison des Teutoniques, tous se sont éloignés de la foi, ainsi, hélas !, jusqu'à aujourd'hui nous persistons dans l'erreur de nos ancêtres."*[61] La lettre continue en énumérant les crimes commis contre les habitants de Riga, amis du grand-duc. Même l'argument de la défense de la chrétienté, si cher à **Bernard de Clairvaux** et aux autres thuriféraires de la croisade balte, est présenté comme mensonger :

"Ils transforment la terre en désert, comme cela est clair en Sémigallie et dans beaucoup d'autres régions. Mais ils disent qu'ils le font pour défendre les chrétiens. Saint et révéré père ! Nous n'attaquons pas les chrétiens pour détruire la foi catholique, mais pour résister aux injustices qui nous sont faites, comme le font les rois et les princes chrétiens."[62]

En conclusion :

"Ainsi, révéré père, nous vous avons écrit afin que vous sachiez pourquoi nos ancêtres se sont égarés dans les erreurs de l'infidélité et de l'incroyance. Mais maintenant, saint et révéré père, nous vous supplions avec ardeur de vous occuper de notre situation lamentable ; c'est pourquoi nous sommes prêts, de même que les autres rois chrétiens, à vous obéir en tout et à recevoir la foi catholique, pourvu que nous ne soyons en rien opprimés par ces bourreaux, c'est-à-dire ces maîtres et frères [de l'Ordre Teutonique]."[63]

Par cette lettre, Gediminas semble rejoindre la volonté de Mindaugas, et plaider pour la conversion de la Lituanie. En est-il vraiment ainsi ? La formule utilisée pour parler du baptême prête à confusion. D'après l'un des meilleurs spécialistes de la Lituanie médiévale, Stephen C. Rowell[64], le souverain lituanien aurait spécialement joué sur le terme *fidem catholicam recipere*, ce qui aurait pu être compris autant comme « tolérer » que comme « recevoir » la foi catholique. Toute la démarche pourrait ainsi n'avoir été qu'une diversion, visant à obtenir une trêve du côté de l'Occident, pour que Gediminas puisse se consacrer à son plan d'expansion à l'Est. En tous cas, le grand-duc semble avoir décidé de s'adresser au souverain pontife au lendemain de la prise de Kiev.

Le Palais des papes, à Avignon. (photo Jean-Marc Rosier.)

De son côté, la Papauté a de bonnes raisons pour répondre favorablement à Gediminas. À partir de 1316, le trône pontifical est occupé par le Français Jacques Duèze, élu sous le nom de **Jean XXII**. Depuis sa puissante capitale d'Avignon, il entend redonner à l'institution pontificale sa puissance d'antan – et se heurte inévitablement à l'empereur, **Louis de Wittelsbach**, qui est aussi duc de Bavière. Comme à l'époque des Hohenstaufen, une violente rivalité déchire toute l'Europe catholique, de l'Italie à la Baltique. Dans les régions qui nous concernent, le camp pontifical est soutenu par la Pologne et Riga, dont l'archevêque est exilé en Avignon. À l'inverse, les Chevaliers teutoniques comptent parmi les plus fervents partisans de l'empereur. En s'adressant directement au pape, Gediminas rejoint donc le camp de son allié, l'archevêque Pernstein. Certains ont même supposé que les lettres du grand-duc ne seraient que des faux, forgés par les Rigois – ce qui repose en fait sur une accusation lancée par les Teutoniques[65]. Mais la plupart des historiens considèrent au contraire ces missives comme ayant effectivement été composées à Vilnius, et reflétant la volonté du prince[66].

Fresque représentant Jean XXII vers 1316. (photo Archives iconographiques du palais du Roure, Avignon.)

[60] Sur cet épisode, R. Mazeika, S. C. Rowell, *"Zelatores Maximi: Pope John XXII, Archbishop Frederick of Riga and the Baltic Mission 1305-1340"*, *Archivum Historiae Pontificiae* n°31, 1993, p.33-68 ; S. C. Rowell, *Lithuania Ascending* ; K. Markman, *"Tactics of Manipulation: A Revisionist Study of Gediminas and the Threat of Teutonic Invasion, 1315–1342"*, *Comitatus* n°42, 2011, p.115-133.

[61] *Gedimino Laiskai (Poslanija Gedimina)*, éd. V. Pasuto, I. Stal', Vilnius, 1966, p.23.

[62] *Ibid.*, p.27.

[63] *Id.*

[64] *Lithuania Ascending*, p.195 *sq.*

[65] S. C. Rowell, *"The Letters of Gediminas: « Gemachte Lüge »? Notes on a Controversy"*, *Jahrbücher für Geschichte Osteuropas*, Neue Folge n°41/3, 1993, p.321-360.

[66] Il semble que ce soient des scribes franciscains qui ont composé les lettres, vraisemblablement sous la dictée de Gediminas. Certaines lettres ont toutefois été transmises par des hommes de Riga, qui ont joué le rôle de messagers.

Louis IV de Bavière.
(photo de Karoly Lorentey.)

Dans un premier temps, Jean XXII répond favorablement à son interlocuteur lituanien, non sans l'habituelle réserve dont font preuve les papes quand il s'agit de traiter de questions aussi importantes. Une trêve de plusieurs années est conclue, et même les Teutoniques doivent s'y plier. Puis, lorsqu'en mai 1324 l'empereur **Louis de Bavière** choisit la chapelle des Teutoniques à Sachsenhausen pour prononcer un discours dans lequel il accuse le pape d'hérésie, ce dernier prend définitivement les frères en grippe. Il se dépêche alors d'envoyer des légats auprès du grand-duc, en leur expliquant que celui-ci doit être traité en ami.

Les Français **Barthélémy**, évêque d'Alet, et **Bernard**, abbé de Saint Chaffré-du-Puy, arrivent à Riga en septembre 1324. Ils dépêchent à leur tour des émissaires à Vilnius, et les chargent d'organiser le baptême du grand-duc. Coup de théâtre : lorsque ceux-ci se présentent devant Gediminas, au mois de novembre, il leur fait savoir que la conversion n'est absolument pas à l'ordre du jour. Ayant réuni toute sa cour, comme pour bien faire comprendre aux siens qu'il restera fidèle au paganisme, il prononce un discours plein de verve, qui rejette encore une fois la faute sur les Chevaliers teutoniques. D'après le rapport composé par les envoyés des légats, Gediminas s'exclame : *"Que me parlez-vous des chré-*

Bulle pontificale de **Jean XXII**. Archives secrètes du Vatican.
(photo *Creative Commons*.)

La Porte Dorée, l'un des symboles de la Kiev médiévale. Construit au XIe siècle., cet édifice défendait l'entrée dans la ville. Mise à mal par les Mongols en 1240, la porte a toutefois été progressivement délaissée, avant d'être reconstruite au XXe siècle.
(photo George Chernilevsky.)

tiens ? Où trouve-t-on plus de cruauté, d'injustice, de violence, de malhonnêteté et d'avidité que chez les chrétiens, et surtout chez ceux qui paraissent pieux, comme les Chevaliers teutoniques, qui commettent toutes sortes de maux ?"[67] Le souverain de Lituanie n'aurait ainsi jamais eu l'intention de se convertir, et si le propos de ses lettres a été mal compris, c'est au scribe qu'en échoit la responsabilité. Pour mieux faire comprendre son état d'esprit, il prononce cette phrase terrible : *"mais si j'ai jamais eu cette intention, que le diable lui-même me baptise !"*[68] Le grand-duc précise tout de même que les chrétiens sont les bienvenus en Lituanie, car selon lui, toutes les religions ont une même finalité : *"que les chrétiens rendent un culte à leur dieu selon leur usage, les ruthènes selon leur rite, les Polonais selon leur usage et nous honorons Dieu selon notre rite, et nous avons tous un seul Dieu."*[69] Cette phrase, qui paraît très contemporaine au lecteur moderne, n'a sans doute pas été inventée par les auteurs du rapport[70].

L'entreprise visant à évangéliser pacifiquement la Lituanie est donc un échec. Pourtant, le rapport présente Gediminas comme une victime, un chrétien de cœur qui aurait dû renoncer au baptême à cause d'obscures machinations. Les émissaires catholiques racontent s'être livrés à une véritable enquête, et en déduisent que les vrais coupables sont les Chevaliers teutoniques, lesquels auraient corrompu les chefs samogitiens et ruthènes pour menacer Gediminas de le renverser au cas où il accepterait le christianisme ! Selon cette accusation, les Teutoniques auraient agi ainsi pour éviter qu'une fois la Lituanie convertie, leur raison d'être ne s'amenuise, et qu'ils perdent le soutien de leurs protecteurs européens. Cela dit, les émissaires des légats étaient probablement des habitants de Riga, qui avaient tout intérêt à disqualifier l'Ordre teutonique et à se préserver un allié en la personne de Gediminas. Qui plus est, ils devaient être au courant des sentiments du pape vis-à-vis du grand-maître et de ses frères… et surtout, rien n'empêche de penser que Gediminas ait lui-même manigancé toute l'affaire, dans le but de conclure une trêve directement avec le chef suprême de la chrétienté, tout en discréditant ses adversaires au passage. Mais l'entreprise n'est qu'un demi-succès.

Depuis le début de la campagne épistolaire, les Teutoniques n'avaient eu de cesse d'accuser le grand-duc et ses alliés rigois de manipulation. N'osant toutefois pas provoquer la colère de l'irascible Jean XXII, ils rongent leur frein jusqu'en 1326, lorsqu'un contingent lituanien, commandé par le prince **David de Grodno**, rejoint les forces du roi de Pologne dans une attaque contre le Brandebourg, terre catholique et fief impérial. Si cet événement n'a rien de très particulier dans le contexte agité de l'Europe médiévale, les chroniqueurs contemporains insistent sur la prétendue cruauté des guerriers « sarrasins » venus de Lituanie[71]. Tout comme les Mongols, les Turcs et les Mamelouks, les Lituaniens servent facilement d'épouvantails censés exciter la chevalerie chrétienne à la vengeance. Et les textes qui nous sont restés permettent de voir que la participation lituanienne à ce raid mené au cœur de l'Europe catholique a eu des répercussions jusqu'en Suisse ou aux Pays-Bas[72]. Les Chevaliers teutoniques n'attendaient que cela.

La bulle d'or de Louis IV de Bavière, empereur et rival du pape **Jean XXII** vers 1328. Alors que le grand-duc de Lituanie tente de se rapprocher de ce dernier, les Teutoniques tiennent le parti de l'empereur. (photo Sailko.)

[67] *Gedimino Laiskai*, p.129.
[68] *Ibid.*, p.127.
[69] *Ibid.*, p.128.
[70] R. Mazeika, *"Granting Power to Enemy Gods in the Chronicles of the Baltic Crusades"*, *in* D. Abulafia, N. Berend (dirs.), *Medieval Frontiers: Concepts and Practices*, Aldershot, 2002, p.170.
[71] Au Moyen Âge, *Sarrasin* a quasiment le sens de *non-chrétien* ; l'utilisation de ce terme pour qualifier les Lituaniens ne sous-entend pas que ceux-ci aient été confondus avec les populations musulmanes de Terre sainte : A. V. Murray, *"Saracens of the Baltic: Pagan and Christian Lithuanians in the Perception of English and French Crusaders to Late Medieval Prussia"*, *Journal of Baltic Studies* n°41/4, 2010, p.413-429.
[72] S. C. Rowell, *"Lithuania and the West, 1337-41 – A Question of sources"*, *Journal of Baltic Studies* n°20/4, 1989, p.303-326.

La bataille de Mühldorf (28 septembre 1322), ayant opposé **Louis IV de Bavière** à son rival **Frédéric de Habsbourg**, représentée dans un livre de prières juives, le *Machsor Tripartitum*. Région du lac de Constance, vers 1322. (photo Bibliothèque et centre d'information de l'Académie hongroise des Sciences, Budapest Orientalische Sammlung, Kaufmann MS A 384, fol. 13v.)

Le temps de la splendeur

Représentation d'un Chevalier teutonique, château de Marienburg (copie exécutée au XIXe siècle). (photo Zamek Malbork.)

L'internationalisation de la croisade balte

À l'abri derrière les puissantes murailles de Marienburg, les officiers teutoniques ont regardé sans trop de crainte passer l'orage qu'aurait pu déclencher la colère de **Jean XXII**. Puis, ils profitent du faux pas que constitue l'invasion lituanienne du Brandebourg pour diffuser partout où ils le peuvent leur version des faits. Pour ce faire, ils profitent du réseau que s'était constitué le grand-maître **Charles de Trèves** (1311-1324), un patricien issu de la bourgeoisie urbaine. Bien qu'ayant été en butte à l'opposition d'une partie des Chevaliers de Prusse, le grand-maître Charles a considérablement redoré l'image de l'Ordre aux yeux des princes européens. En ces temps difficiles pour les ordres militaires, ceci n'a pas été une tâche aisée.

Confrontés aux démarches diplomatiques rigoises, lituaniennes et polonaises, les Chevaliers teutoniques maintiennent leurs positions dans la première moitié du XIVe siècle, et entendent montrer qu'ils n'ont pas abandonné leur mission : c'est-à-dire protéger la chrétienté en combattant les païens. Leur argumentation repose, au moins tacitement, sur le raisonnement de l'influent juriste **Hostiensis** (m. 1271), qui avançait que, depuis l'arrivée du Christ sur la terre, les infidèles ont perdu tous leurs droits, et peuvent donc être spoliés ou tués sans que cela ne constitue une faute morale[73]. Certes, cette opinion n'était pas unanimement acceptée par les clercs du Moyen Âge, et l'un des contemporains d'Hostiensis, le pape **Innocent IV** (m. 1254) prônait une approche bien plus souple du rapport aux infidèles. Ceux-ci doivent, disait-il, être respectés, surtout s'ils sont pacifiques. Or, les ennemis de l'Ordre teutonique sont loin d'être inoffensifs.

S'il ne faut pas oublier qu'elles contiennent évidemment une part de propagande, les chroniques teutoniques, mais aussi russes et polonaises, racontent que les assauts menés par les Lituaniens sont féroces : à de nombreuses reprises, ils mettent le feu aux églises, ravagent les villes et capturent des chrétiens pour les utiliser comme esclaves. Les partisans des Teutoniques précisent encore que les grands-ducs tels que **Gediminas** ont beau jeu de se montrer tolérants envers les catholiques, alors qu'eux-mêmes refusent de se faire baptiser, et utilisent cette « quasi-conversion » à des fins politiques, quitte à malmener leurs voisins chrétiens une fois qu'ils n'ont plus besoin d'eux… La conclusion qui s'impose est sans appel : la conversion pacifique étant inefficace, seule la force permettra de faire triompher la croix[74].

En 1390, une croisade menée par le duc Louis de Bourbon réunit des nobles français et anglais dans le but de capturer Mahdia, en Tunisie. Ce genre d'expédition, mêlant aventure et lutte contre l'infidèle, est très prisé par la noblesse du XIVe s. *Chroniques* de Jean Froissart, env. 1470-1472. (photo British Library, Harley 4379 f. 60v.)

Fort de sa justification, l'Ordre cherche de nouveaux appuis. De grands princes européens lui offrent des dons importants et des gens d'armes, nobles la plupart, accourent pour le soutenir dans son entreprise[75]. Aux mercenaires et aux aventuriers de toutes sortes se joignent des croisés venus d'Allemagne et, bientôt, de toute l'Europe. L'enthousiasme pour la guerre de l'Ordre teutonique s'explique par le fait que l'esprit de croisade n'est pas mort avec la chute de Saint-Jean d'Acre, loin s'en faut.

Depuis les premières expéditions au Levant, la participation à la guerre sainte est progressivement devenue l'apanage de la noblesse, car seuls les plus riches avaient les moyens de financer de pareilles entreprises. Les tenants de l'idéologie chevaleresque insistent donc sur l'importance de participer aux combats contre l'infidèle, même s'il ne s'agit plus nécessairement de reprendre les lieux saints du christianisme. La récupération de Jérusalem reste dans tous les esprits, et les princes comme les pamphlétaires en rêveront jusqu'à la fin du Moyen Âge. Or, après la prise d'Acre en 1291, plus aucune initiative de grande ampleur ne voit le jour. La lutte contre l'Égypte mamelouk se résume à quelques coups de main menés par des princes téméraires, comme le roi de Chypre, **Pierre Ier de Lusignan**, qui pille Alexandrie en 1365. Dans l'ensemble, les expéditions en Méditerranée sont relativement rares durant le XIVe siècle. Pour les chevaliers désirant tester leur vaillance contre l'infidèle, il reste la guerre menée par les princes ibériques contre les Maures, et surtout celle qui oppose l'Ordre teutonique aux irréductibles Lituaniens.

[73] J. Muldoon, *Popes, Lawyers, and Infidels.*

[74] E. Christiansen, *Northern Crusades*, p.147-148.

[75] J. Paviot, "Noblesse et croisade à la fin du Moyen Âge", *Cahiers de recherches médiévales et humanistiques* n°13, 2006, p.69-84 ; N. Housley, *The Later Crusades*, Oxford 1992 ; W. Paravicini, *"Von der Heidenfahrt zur Kavalierstour. Über Motive und Formen adeligen Reisens im späten Mittelalter"*, *in* H. Brunner, N. R. Wolf, (éds.), *Wissensliteratur im Mittelalter und in der Frühen Neuzeit*, Wiesbaden 1993, p.91-130.

Épée, XIIIe-XIVe siècle.
(photo Wolfgang Sauber, Reichenstein museum.)

Buste en grès de Jean de Luxembourg, roi de Bohême. Réalisé autour de 1370 par l'atelier du sculpteur Pierre Parler. (photo Packare, Cathédrale Saint-Guy de Prague.)

Le "voyage en Prusse", une mode chevaleresque

Alors qu'au XIIIe siècle, les Teutoniques étaient fréquemment aidés par des croisés allemands ou slaves, l'offre s'étend au siècle suivant à toute l'Europe. Des confins occidentaux du Saint-Empire, l'intérêt pour la croisade balte pénètre en France et en Angleterre[76]. Par exemple, le comte **Jean de Luxembourg**, devenu roi de Bohême par mariage, emmène de nombreux Français parmi sa suite, lors d'une campagne contre les Lituaniens, en 1328-1329. Parmi eux se trouve le poète et musicien **Guillaume de Machaut**, qui immortalisera l'événement quelques décennies plus tard. Les chevaliers français de la fin du Moyen Âge se familiarisent progressivement avec les *rèses*, ou les « voyages de Prusse », comme l'on nomme ces expéditions[77].

Lancées, planifiées et organisées par l'Ordre teutonique, ces campagnes ont habituellement lieu deux fois l'an, durant les grandes fêtes dédiées à la Vierge Marie : celle d'été débute à l'Assomption ou à la Nativité, et celle d'hiver à la Chandeleur. Bien qu'il soit difficile de dire si le pape a officiellement donné à ces expéditions le statut de croisade, l'Ordre utilise le vocabulaire et l'iconographie de la guerre sainte, allant même jusqu'à distribuer des indulgences à certains de ses hôtes. Pour ce faire, les Chevaliers s'appuient sur les documents et les privilèges qui leur ont été

En rentrant de Prusse au printemps 1358, **Gaston Phébus**, comte de Foix, se retrouve en pleine jacquerie à Meaux en compagnie de la famille du **dauphin Charles**. Il tente une sortie avec ses compagnons de route et écrase les rebelles. Cet épisode illustre l'aspect « héroïque » et exclusivement aristocratique de la croisade balte. Illustration des *Chroniques* de **Jean Froissart**, Bruges XVe siècle. (photo BNF, FR 2643, fol. 226v.)

[76] Sur ce phénomène, W. Paravicini, *Die Preussenreisen des Europäischen Adels*, 2 vol., Sigmaringen 1989-1995 ; *Idem.*, "La Prusse et l'Europe occidentale", *Cahiers de recherches médiévales et humanistes* n°1, 1996, p.176-191 ; L. Chollet, *Les Sarrasins du Nord*; *Idem*, "Les « Voyages en Prusse » vus de France : la perception de la croisade contre la Lituanie dans quelques sources francophones (1384-1414)", *Studia z Dziejow Sredniowiecza* n°19, 2015, p.51-80.

[77] En moyen français, *voyage* a également le sens d'expédition militaire ; le terme *rèse*, quant à lui, vient de l'allemand militaire *Reise* (voyage, expédition).

[78] A. Ehlers, *"The crusade against Lithuania reconsidered"*, in A. V. Murray (dir.), *Crusade and Conversion on the Baltic Frontier*, 1150-1500, Aldershot 2001, p.21-44.

[79] *Le Livre des Fais du bon messire Jehan le Meingre dit Boucicquaut, mareschal de France et gouverneur de Jennes*, éd. D. Lalande, Genève 1985, p.77.

[80] W. Paravicini, *"Heidenfahrt"*, p.116.

[81] S. Vander Elst, *"Chivalry, Crusade, and Romance on the Baltic Frontier"*, *Mediaeval Studies* n°73, 2011, p.287-328.

Henri de Grosmont, comte de Derby et duc de Lancaster. L'un des meilleurs capitaines d'**Édouard III**, ce prince s'est illustré sur le front de la croisade en Prusse, à Rhodes et en Espagne. Son petit-fils, également appelé Henri, prendra le pouvoir en Angleterre sous le nom d'**Henri IV**. Représentation par **William Bruges**, *Livre de la Jarretière* (env. 1440-1450). (photo British Library Stowe MS 594, fol. 8.)

conférés par la Papauté au XIIIe siècle. De fait, l'essentiel des chroniqueurs du XIVe siècle définissent la lutte contre la Lituanie comme une guerre sainte, et les combattants engagés du côté de l'Ordre comme des croisés[78]. Le Saint-Siège ne s'oppose pas à cet état de fait. La noblesse, toujours aussi turbulente, trouve ainsi une alternative à la croisade en Palestine.

Au milieu du XIVe siècle, ces croisades du Nord deviennent une véritable mode. Lors des trêves ou des périodes de rémission qui ponctuent la guerre de Cent Ans, de nombreux nobles français et anglais partent à la guerre contre les « Sarrasins » de Lituanie. Outre le roi Jean de Bohême, l'on trouve parmi les hôtes de l'Ordre teutonique le vicomte de Béarn, **Gaston Phébus** (en 1357-1358) et le héros de la Guerre de Cent ans, **Jean II le Meingre** dit Boucicaut, lequel a reçu son bâton de maréchal lorsqu'il se trouvait en Prusse (1390-1391). D'après son biographe, l'homme aurait été enthousiasmé par l'occasion de se battre en pays étranger pour une cause *"qui estoit grande et moult honorable et belle"*[79]. Du côté anglais, l'on peut nommer Henri, le premier duc de Lancaster et l'un des meilleurs capitaines d'**Édouard III** (1351-1352), ainsi que son petit-fils, lui aussi appelé Henri, (1390-1391 et 1392). Une petite décennie après être rentré de Prusse, ce dernier s'emparera du trône d'Angleterre en renversant le roi Richard II (1399). On le connaît comme **Henri IV** d'Angleterre.

Nombreux sont les petits nobles à marcher dans les traces de ces magnats. D'après l'historien allemand Werner Paravicini, le meilleur spécialiste de la question, il serait difficile de trouver une famille noble de France du Nord, d'Angleterre du Sud-Est ou des principautés constituant l'actuel Benelux qui n'aurait pas envoyé au moins l'un de ses membres sur le chemin de Prusse[80]... Pour ceux qui y prennent part, ces campagnes sont l'occasion de se faire adouber ou d'augmenter son renom. Les hérauts d'armes, ces spécialistes du monde chevaleresque, y veillent – même si, comme le dit le poète anglais John Gower, il faut parfois les payer[81]. Autrement dit, aller se battre contre les Lituaniens permet à de nombreux jeunes hommes issus de la classe féodale de se faire reconnaître par leurs pairs, et de trouver ainsi une place dans la société aristocratique de leur pays d'origine.

L'affluence des croisés venus de toute l'Europe permet aux Teutoniques de disposer de forces vives qui ne demandent qu'à croiser le fer. Toute-

Reconstitution historique d'un chevalier teutonique, tournoi à **Mrzyglod**, Pologne. (photo Sllar.)

Frères de l'Ordre teutonique en prière pendant une campagne. (photo Genz d'armes 1415.)

fois, combattre aux côtés de ces turbulents seigneurs peut se révéler problématique. En particulier, l'on ne peut s'aventurer en territoire ennemi que si les conditions climatiques le permettent, soit lors d'un hiver très froid ou d'un été très sec. Les nombreuses rivières et autres marais qui séparent la Prusse de la Lituanie sont impossibles à traverser pour une armée médiévale, à moins d'être gelés ou asséchés. Bien que les rèses aient souvent été décrites comme des jeux où les croisés « chassent » le païen sans prendre trop de risques, il faut rappeler que plusieurs chevaliers occidentaux ne sont pas revenus de Prusse[82]…

[82] W. Paravicini, *Preussenreisen.*, vol. 2, pp.110-116.

Capitalisant sur la mode des voyages en Prusse, l'Ordre teutonique devient un acteur incontournable de la chevalerie internationale. Pour attirer les volontaires, les officiers du grand-maître ont soin de mettre en scène tout un cérémonial, avec parties de chasses et tournois. Le clou du spectacle est constitué par la « table d'honneur », soit un banquet réunissant les hôtes les plus méritants (ou les plus riches). Particulièrement prisée des hommes venus de l'Ouest, cette fête est imprégnée d'une symbolique rappelant la mythique Table Ronde du roi Arthur, héros chevaleresque par excellence. Ce qui n'est pas un hasard : en cette fin du Moyen Âge, l'on cherche à remettre au goût du jour les valeurs et les idéaux de la noblesse combattante.

Ayant compris quelles sont les aspirations des nobles laïcs un peu partout en Europe, les Teutoniques déploient un décorum rappelant à maints égards celui des ordres de chevalerie fondés aux XIVe-XVe siècles par les princes européens, à l'exemple de l'Ordre de la Jarretière du roi Edouard III d'Angleterre. Et cela fonctionne à merveille : le « voyage en Prusse » est chose si prestigieuse que les princes qui ne peuvent s'y rendre eux-mêmes n'hésitent pas à payer leurs courtisans pour aller se battre aux côtés des Teutoniques, ceci afin d'augmenter le prestige de leurs maisons. Certains, à l'instar du duc de Bourgogne Philippe le **Hardi**, vont jusqu'à mettre des compagnies de mercenaires à la disposition du grand-maître. En se présentant comme le fer de lance de la croisade, l'Ordre teutonique étend son réseau d'influence aux quatre coins du continent.

Le réfectoire d'été, à Marienburg.
Au XIVe siècle, seuls les hôtes les plus prestigieux étaient invités à voir les quartiers du grand-maître à **Marienburg**.
(photo Zamek Malbork.)

Sceau du roi de Pologne Casimir dit le Grand.
(photo Archives de l'Etat, Poznan, 53/474/D/2.)

Une représentation tardive du grand-duc lituanien Algirdas (m. 1377). Illustration de *Sarmatiae Europae descriptio*, d'Alexandre Guagnini (env. 1578). (photo D.R.)

L'Ordre teutonique, la Lituanie et la Pologne

Fort de l'appui de la chevalerie européenne, l'Ordre teutonique peut reprendre la lutte contre la Lituanie. De son côté, le grand-duc **Gediminas** harcèle les frontières de la Prusse et mène plusieurs raids en Livonie. Mais la politique du Lituanien n'est pas uniquement guerrière : optant pour une alliance polonaise, il marie sa fille **Aldona** au fils de **Ladislas Lokietek**, Casimir. Celle-ci reçoit le baptême et le prénom chrétien Anne ; quant à son époux, il monte sur le trône de Pologne en 1333, et sera connu sous le nom de **Casimir le Grand**.

À la mort de Gediminas (1341), deux de ses fils, nommés Algirdas et Kestutis, écartent leurs frères et installent une sorte de diarchie : Algirdas, devenu grand-duc, gouverne essentiellement les riches provinces ruthènes, alors que son frère, qui porte le titre de duc de Trakai, s'occupe de la guerre contre l'Ordre teutonique. Aussi talentueux l'un que l'autre, les deux frères donnent du fil à retordre aux maîtres de Marienburg : fidèles à l'exemple de leur père Gedimi-

Le grand-maître Luther de Braunschweig confirme un cessez-le-feu avec le roi **Casimir de Pologne**, en 1334.
(photo Archives centrales des actes historiques, Varsovie, sygn. 8.)

Casque attribué au chevalier Jean de Kornburg. Nuremberg, milieu du XIVe siècle. (photo Anagoria, Musée national de Nuremberg.)

Sculpture représentant le grand-maître Winrich de Kniprode, avec [en arrière-fond] une tour du château de Marienburg. (photo Bumer.)

Ludolf König de Wattzau, grand-maître de l'Ordre entre 1342 et 1345. D'après certaines chroniques, il aurait démissionné à cause d'une maladie mentale. (photo Krystyna Jaroslawska, cathédrale de Marienwerder, actuellement Kwidzyn.)

nas, ils alternent raids ravageurs et ouvertures diplomatiques, en promettant à chaque fois le baptême de la Lituanie. Cette technique permet de tisser des liens entre le grand-duché et les royaumes d'Europe centrale, comme la Pologne en 1349, la Hongrie en 1351 et la Bohême en 1358. Un prince lituanien, nommé **Butautas**, rejoint même la cour de l'empereur **Charles de Luxembourg**, roi de Bohême. Baptisé, il porte le titre de duc de Lituanie et accompagne l'empereur dans ses expéditions, jusqu'en Italie[83]. Mais pour son pays d'origine, rien ne change : le paganisme reste la religion de la dynastie régnante, et la guerre, le lot des habitants.

À partir de 1341, Algirdas et Kestutis voient apparaître sur le champ de bataille un adversaire digne de leur faire face : **Winrich von Kniprode**, le maréchal de l'Ordre teutonique. Menant les croisés venus de France et d'Angleterre, Kniprode détruit une armée russo-lituanienne vers le Niémen, en 1348. Puis la peste noire, qui s'abat sur toute l'Europe au milieu du XIVe siècle, impose une paix précaire, jusqu'en 1352. Lorsque la guerre reprend, les attaques en Lituanie se font plus dures ; le château de Kaunas, ville stratégique aux portes de la Samogitie, est rasé en 1362 par Kniprode, entre-temps devenu grand-maître.

Ce soldat redoutable utilise une seconde technique, encore plus efficace que la guerre : l'intrigue. À la mort d'Algirdas, il soutient son fils, **Jogaila** contre le vieux Kestutis. Après une trêve de dix ans, la guerre reprend à l'avantage de Kestutis,

Guillaume de Machaut représenté dans une enluminure illustrant son poème *Le Remède de Fortune* (env. 1355-1360). (photo BNF Fr1586 fol. r.)

qui envahit la péninsule de Sambie, mais est mis en échec après une dure bataille et doit se retirer. En Lituanie même, Vilnius est prise par Jogaila, allié à l'Ordre. Le vieux prince païen doit se rendre, et décède en captivité lors de l'été 1382, peu après son adversaire Kniprode. Une rumeur tenace, attestée dans plusieurs sources contemporaines, prétend qu'il a été assassiné, peut-être sur l'ordre de Jogaila. Nous retrouverons ce personnage, appelé à jouer un rôle majeur dans notre histoire, sous le nom français de **Jagellon**.

La guerre en territoire balte

La violence des expéditions menées contre la Lituanie et la Pologne est l'une des composantes de la légende noire des Teutoniques : au Moyen Âge déjà, les détracteurs des moines-soldats n'ont de cesse de rappeler avec quelle brutalité ils se comportent en pays ennemis. L'institution de la croisade balte, avec la participation de chevaliers venus de toute l'Europe pour faire « *grant destruccion de Sarrasins* », comme le note le biographe du maréchal Boucicaut[84], est également visée. Il est vrai que les témoignages rapportés par les hôtes de l'Ordre teutonique eux-mêmes laissent peu de doute sur la nature des rèses. Par exemple, le poète Guillaume de Machaut, vraisemblablement l'un des premiers Français à avoir parcouru la Lituanie – il faisait partie de la suite du roi Jean de Bohême – présente de manière très crue les actions de son ancien mécène, Jean de Luxembourg, lorsqu'il se trouvait aux côtés des Teutoniques à l'hiver 1329 :

Fresque représentant le grand-maître Werner d'Orseln, qui mena **Jean de Luxembourg** et **Guillaume de Machaut** lors de la rèse de 1329. (photo Krystyna Jarosławska, cathédrale de Marienwerder, actuellement Kwidzyn.)

[83] S. C. Rowell, *"Unexpected Contacts: Lithuanians at Western Courts, c. 1316–1400", The English Historical Review* n°111/442, 1996, p.557-577.

[84] *Livre des fais*, p.77.

"Et ne tien pas que ce soit fable,
Qu'encor prist il quatre fortresses
Qui dou pais furent maistresses:
Xedeyctain et Gedemine,
Gegusë, Aukahan; et si ne
Demoura la homme ne fame
Qui ne perdist le corps et l'ame,
Ne riens qui demourast en vie".[85]

Pire encore, le poète et héraut d'armes autrichien **Pierre Suchenwirt** raconte, avec un souci morbide du détail, la façon dont les croisés traitent les Lituaniens lors de l'expédition à laquelle le duc **Albert III de Habsbourg** prit part, en 1377 : *"Et beaucoup de nobles hôtes* [de l'Ordre teutonique] *sont venus avec l'armée en Samogitie. Ils trouvèrent un mariage en plein déroulement. Ces hôtes non invités engagèrent une danse avec les païens, dont une soixantaine mourut. Alors, ils mirent le feu au village, et les flammes montèrent haut dans le ciel. Je jure que n'aurais pas voulu être le fiancé"*.[86]

Après avoir raconté d'autres épisodes dans le même goût, Suchenwirt continue ainsi : *"nous avons dévasté et brûlé, massacré et tué à coup de lance, chargeant de manière téméraire à travers les taillis et les prairies. C'était comme chasser des renards et des lapins ; et exactement comme ces animaux, ils fuyaient devant nous!"*.[87]

Cet extrait a permis de présenter les rèses comme des sortes de « chasses au païen », où l'ennemi serait réduit au statut de proie. Il faut bien sûr tenir compte du caractère particulier de ce genre de textes, qui utilisent un ton très épique pour magnifier les princes dont on relate les « exploits ». Comme dans les chansons de geste, à commencer par la très populaire *Chanson de Roland*, les dégâts infligés à l'ennemi sont très largement exagérés. Néanmoins, une confrontation entre les témoignages des croisés étrangers et les chroniques écrites par des religieux de l'Ordre teutonique conforte cette impression de violence extrême.

Albert III de Habsbourg, duc d'Autriche. La rèse de ce prince en Lituanie (1377) a été immortalisée par son héraut d'armes, **Pierre Suchenwirt**. Son poème intitulé *De la chevalerie du duc Albert* fait ressortir le caractère d'extrême violence des croisades baltes. Portrait de profil (copie datant du XVIe s.). (photo Kunsthistorisch Museum, Vienne.)

Toujours d'après **Suchenwirt**, les croisés incendient les villages lituaniens qui se trouvent sur leur passage. Cette méthode visant à terroriser la population pour affaiblir la résistance de l'adversaire n'est pas propre à la croisade balte : les sources mentionnent des exactions comparables en Europe occidentale. (photo Per Palmkvist Knudsen.)

[85] Guillaume de Machaut, *Le Confort d'ami*, dans *Œuvres*, éd. E. Hoepffner, Paris 1921, vol. 3, p.107-108.
[86] Pierre Suchenwirt, *Von Herzog Albrechts Ritterschaft*, éd. Scriptores Rerum Prussicarum, vol. 2, p.165-166 ; trad. W. Urban, *"Peter von Suchenwirt"*, *Lituanus* n°31/2, 1985.
[87] *Ibid.*
[88] Guillaume de Machaut, *Le Confort d'ami*, v.3030-3035, p.107.
[89] Wigand de Marbourg, *Chronica nova Prutenica*, éd. Scriptores Rerum Prussicarum, vol. 2, p.463.

Le héraut d'armes **Suchenwirt** décrit les Lituaniens comme des bêtes sauvages, se cachant dans les marécages avant d'attaquer hommes et chevaux. (photo Frank Vassen, parc national de Bialowieza, Pologne).

À titre d'exemple, le chroniqueur **Wigand de Marburg** (1394) relate la prise d'une forteresse lituanienne nommée Medewagen (act. Medvegalis), en 1329 ; un événement auquel a assisté le roi de Bohême et son fidèle Guillaume de Machaut. Peu avant d'énumérer les dévastations infligées par les croisés, le poète français dit au sujet de Jean de Luxembourg :

> « *Et par les glaces en Letoe* [Lituanie].
> *Crestienner fit en une ville,*
> *Des mescreans plus de sis mille.*
> *Li lieus avoit nom Medouagle* ».[88]

La tradition historiographique interne à l'Ordre confirme que c'est bien le roi de Bohême, hôte des plus prestigieux que le grand-maître puisse espérer, qui arrêta l'épée de ce dernier au moment où la garnison lituanienne se rendit. D'après Wigand de Marburg :

« *Une fois celui-ci* [le fort de Medewagen] *pris, ils trouvèrent une grande foule que le* [grand-] *maître voulait totalement anéantir, mais, par ses prières, le roi Jean leur sauva la vie, et par le baptême ils furent incorporés à la foi catholique au jour de la Purification de la Vierge ; et ils donnèrent des garanties au maître en ce qui concerne la solidité de leur foi, ce qui plut beaucoup au roi* [de Bohême]. *Mais une fois l'hiver terminé, ils commencèrent à avoir la nausée du baptême et à soupirer après le paganisme* ».[89]

Jean Ier de Bohême, *Gelnhausen Codex*. (Photo *Wikimedia Commons*.)

Bassinet, Europe de l'Ouest, entre 1375 et 1400. (photo Metropolitan Musem of Arts, New York, Rogers Fund.).

La conversion, visiblement opérée sous la contrainte, est présentée comme une échappatoire possible pour les Baltes tombant aux mains de l'Ordre mais, d'ordinaire, seuls les nobles ont droit à ce traitement. Les simples soldats ou les gens du peuple sont, si ce n'est systématiquement mis à mort, du moins traités sans égards particuliers. L'épisode de Medewagen fait donc figure d'exception, et à en croire Wigand, le grand-maître se serait bien gardé d'épargner ainsi ses ennemis, sachant qu'ils risqueraient de « revenir au paganisme » – autrement dit, de reprendre les armes contre l'Ordre.

Les rèses sont souvent des parties de pillages de dévastations, mais il ne faudrait pas croire que la résistance lituanienne ait été pacifique. Selon la même méthode que leurs adversaires, les guerriers païens (ou leurs alliés orthodoxes) capturent hommes, femmes et enfants, pillent et ravagent les ressources de l'adversaire dans le but de l'affaiblir. Et les violences n'ont pas lieu que durant les rèses, qui restent relativement aisées à prévoir et à éviter, en fuyant se cacher dans la forêt. Des atrocités sont aussi le fait des commandeurs de frontières et des bandes de mercenaires qu'ils utilisent. Exemple parmi d'autres, Wigand de Marburg relate les activités du commandeur d'Insterburg, en 1372 :

"Il va à travers la nature sauvage avec une centaine d'hommes sélectionnés pour piller et harasser les païens. Ils mettent pied à terre à la Sesupe, mangent et boivent, montent en selle et traversent le Niémen, entrant dans quatre villages qui n'étaient pas prévenus de leur arrivée, et passent au fil de l'épée tous ceux qu'ils trouvent s'endormant : hommes, femmes et enfants".[90]

Épée. Europe occidentale, deuxième quart du xve siècle. Pièce de fouille (Dordogne). (photo Loïc Chollet, château de Grandson.)

C'est ce genre d'attitude qui forge la réputation de cruauté qui colle à la peau des Chevaliers teutoniques, mais des violences sont également commises par leurs auxiliaires, appelés *latrunculi* en latin ou *strutere* en allemand.[91] Ces natifs prussiens, qui servent comme guides ou comme mercenaires pour l'Ordre, sont aussi utilisés pour terroriser les Lituaniens. Connaissant parfaitement le terrain, ils se déplacent en petits groupes, surprennent les Lituaniens chez eux, la nuit ou durant les fêtes, et les assassinent. Discrets et rapides, ils font peser une peur constante sur la population. Les deux camps utilisent ce type d'auxiliaires, qui sont très proches des mercenaires occidentaux, mi-soldats, mi-bandits.

Et même les trêves officiellement conclues n'empêchent pas ces aventuriers de continuer leur sinistre besogne, comme ces *latrunculi* lituaniens qui dévalisent des marchands de Riga en 1322-1323, au moment où le grand-duc essaye de se rapprocher du monde catholique[92]. Cela participe à la technique de la « guérilla » qui se développe aux alentours des zones frontalières. Harcelée par les irréguliers, la population civile est prise en otage ; de nombreux paysans fuient vers des lieux plus cléments. Elles aussi victimes d'une « autre Guerre de Cent ans », la Prusse, la Lituanie et la Livonie du XIVe siècle ressemblent tragiquement à la France de la même époque.

Une ferme de Lettonie, ancienne Livonie. (photo Loïc Chollet, Musée ethnographique de Riga.)

Le sceau de Kestutis, *Dux de Tracken* (Trakai), daté de 1379. Reproduction F. Piekosinski, *Pieczecie polskie wiekow srednich doby piastowskiej*, Cracovie 1936. (photo Wbc poznanl.)

D'ennemis à partenaires

Si le commun de la population souffre de cette longue et terrible guerre, les nobles des deux camps ont progressivement élaboré un certain *modus vivendi*, devenu la règle lors de la seconde moitié du XIVe siècle. Surtout à l'époque des fils de Gediminas, les ducs lituaniens et les officiers de l'Ordre se sentent liés par un respect mutuel[93]. Les chroniqueurs teutoniques racontent plusieurs épisodes mettant en scène la relation courtoise, teintée de provocations viriles, unissant le duc **Kestutis** et le grand-maître Winrich de Kniprode, tous deux d'excellents généraux capables d'apprécier la valeur militaire de l'adversaire. Tout comme deux siècles avant lui, Kestutis fait figure de « Sarrasin » chevaleresque. Concrètement, ce prince entretient des liens d'amitié avec certains officiers de l'Ordre, ce qui permet d'ouvrir des négociations ou d'éviter les bains de sang lors de campagnes qui se révèlent hasardeuses.

Plusieurs Lituaniens rejoignent quant à eux la Prusse et deviennent des vassaux de l'Ordre teutonique, à l'exemple des frères **Thomas** et **Jean Survila**, qui sont baptisés et faits chevaliers. Leurs armes figurent dans l'armorial dit Bellenville, ce qui signifie qu'ils ont été pleinement intégrés dans la chevalerie chrétienne. Une intégration qu'ils paient de leurs vies, car les deux frères sont tués lors de la bataille de la Vorskla (1399) où, dans une période de détente, un contingent teutonique appuie les troupes lituaniennes face aux Tatars de la Horde d'Or. Loin d'être considérés comme des transfuges, ces personnages jouent plutôt le rôle de diplomates. De la même manière, les Teutoniques capables de s'intégrer, même partiellement, dans la société lituanienne et d'en apprendre la langue, sont promis à une belle carrière, car on aura toujours besoin de leurs services.

Le grand-maître **Winrich de Kniprode** confirme la fondation de la chapelle Sainte-Catherine, hors des murs de la Nouvelle-Ville à Thorn (1360). (photo Silar, Torun.)

[90] Wigand, p.572.
[91] E. Christiansen, *Northern*, p.167.
[92] S. C. Rowell, *Lithuania Ascending*, p.245-246.
[93] R. Mazeika, *"An Amicable Enmity. Some Peculiarities in Teutonic-Balt Relations in the Chronicles of the Baltic Crusades"*, in *The Germans and the East*, éd. C.W. Ingrao, F. A. J. Szabo, West Lafayette 2008, p.49-58 ; R. Petrauskas, *"Litauen und der Deutsche Orden: Vom Feind zum Verbündeten"*, *in* W. Paravicini, R. Petrauskas, G. Vercamer (dirs.), *Tannenberg -Grunwald-Žalgiris 1410: Krieg und Frieden im späten Mittelalter*, Wiesbaden 2012, p.237-252.

Représentation tardive de Winrich de Kniprode. *Porträtsammlung* (après 1684), Bibliothèque nationale autrichienne. (photo Bildarchiv Austria.)

Ces points de contact entre seigneurs de religions différentes permettent de réguler la guerre, mais pas de l'éviter. Au contraire, l'historien lituanien Rimvydas Petrauskas suppose que les grands-maîtres autant que les ducs lituaniens s'arrangeaient pour faire durer le conflit, car chaque camp y trouvait son avantage : non sans un certain cynisme, l'on épargnait les chefs adverses tout en continuant de mettre à mal la population[94]. Il faut dire que Marienburg avait besoin des rèses, ces expéditions menées avec leurs hôtes étrangers, pour s'assurer le soutien de l'Europe occidentale. Autant les Teutoniques que les Lituaniens profitaient des opérations de pillages visant les terres de l'adversaire. En particulier, les prisonniers étaient utilisés comme serfs, travaillant aux champs ou dans les châteaux. Le respect mutuel unissant les chefs de guerre ou leurs vassaux directs n'incluait pas l'ensemble de la société. Comme en Terre sainte, comme en Europe occidentale, les chefs de guerre peuvent s'arranger entre eux, mais les civils et les non-nobles en paient le prix fort.

Vue du lac Galve, avec le château de Trakai (en arrière-fond). Cette forteresse est le lieu de résidence préféré de Kestutis, puis de son fils Vytautas. (photo Loïc Chollet.)

[94] *Ibid.*
[95] R. Mazeika, L. Chollet, *"Familiar Marvels?"* ; L. Chollet, *Les Sarrasins du Nord.*
[96] Jean Cabaret d'Orville, *Chronique du bon duc Loys de Bourbon*, éd. A.-M. Chazaud, Paris 1876, p.65.

Les chevaliers français et les “Sarrasins” de Lituanie

La situation particulière qui prévalait entre l'Ordre teutonique et ses adversaires n'a pas échappé à l'attention de quelques observateurs étrangers. Plusieurs, parmi les chevaliers français ayant fait le déplacement pour combattre les « Sarrasins » de Lituanie, semblent avoir présenté un certain intérêt pour les mœurs de leurs adversaires, et notent sans broncher que l'on pouvait s'entendre avec ceux-ci[95]. Le chevalier bourbonnais **Jean de Chastelmorand** nous en offre un bel exemple. Fidèle du duc **Louis II de Bourbon**, cet aventurier et diplomate à la vie bien remplie a dicté ses souvenirs de jeunesse au chroniqueur **Jean Cabaret d'Orville**, lequel avait reçu pour mission d'écrire une chronique à la gloire de la famille de Bourbon, en 1429. Ne résistant pas au plaisir de mêler ses propres hauts faits à ceux de son ancien suzerain, Chastelmorand relate ainsi la conclusion de la rèse à laquelle il a participé, probablement à l'hiver 1374-1375 :

“*Et tant firent chrestiens que les sarrasins furent tous lies* [contents] *d'eulx en realler en leur pays, parmi* [à la condition de] *l'ordonnance faite que, de certain temps, les Sarrasins de Letho* [Lituanie] *ne de Norgalles* [province indéterminée] *ne pilleroient nulles esglises des chrestiens* [ni] *ne les brusleroient, ne aussi les chrétiens, chevaliers de la religion, tant de Prusse, comme de Niffelant* [Livonie], *en leur pays de Letho ou es marches, n'arderoient* [brûleraient] *les saints bois (que ainsi ils appellent) des pins, ou ils consumoient les corps de leurs morts par feu, et en faisoient sacrifice. Si fut octroyé* [accordé] *d'une part et d'autre, et par ainsi fut la paix criée par les provinces; et le hault maistre de Prusse qui vit que celle reise s'estoit si bien portée à l'honneur* [et] *festoya la chevalerie*».[96]

Le chevalier bourbonnais ne voit donc aucune honte à ce qu'un accord ait été conclu entre les croisés et leurs adversaires païens. Au contraire, il enchaîne sur une longue description de la fameuse table d'honneur, qui faisait l'attrait des rèses de Prusse. Mais cet extrait indique également que Chastelmorand prêtait une attention particulière aux coutumes des Lituaniens, à commencer par la manière dont ils organisaient les funérailles.

Le bûcher funéraire des Lituaniens, qui marque une nette différence par rapport à la manière de faire chrétienne, est également mentionné par **Philippe de Mézières**, l'un des auteurs les plus prolixes de la fin du Moyen Âge. Diplomate, écrivain et chevalier, ce cadet de petite noblesse picarde a très tôt choisi de partir pour l'Orient, et est devenu le chancelier du roi de Chypre **Pierre Ier de Lusignan**. En 1369, ce dernier est assassiné par des barons rebelles : son protecteur disparu, Mézières rentre en France et se fait une place à la cour du roi Charles V. Conseiller royal

Un manuscrit des œuvres de **Guillaume de Machaut** (ici : *Le remède de Fortune*), l'un des poètes et musiciens les plus connus de la fin du Moyen Âge. Alors qu'il était le secrétaire du roi **Jean de Bohême**, également comte de Luxembourg, Machaut a participé à une rèse en 1329. C'est sans doute l'un des premiers Français à s'être rendu en Lituanie.
(photo BNF, Fr1586, fol.51.)

Le duc Louis II de Bourbon représenté dans l'*Armorial d'Auvergne* de **Guillaume Revel** (1450). S'il n'alla jamais en Prusse lui-même, Louis de Bourbon y est représenté par un groupe de chevaliers auquel appartient **Jean de Chastelmorand**, son bras-droit. Le même Chastelmorand dictera ses souvenirs de Prusse au biographe du duc, **Jean Cabaret d'Orville**.
(photo BNF, Français 22297, fol. 15.)

Un Chevalier teutonique en pleine discussion. La transmission orale des informations était essentielle dans la société médiévale. (photo Genz d'armes 1415.)

Le bûcher funéraire consumant la dépouille des guerriers lituaniens (probablement les plus nobles d'entre eux) est souvent évoqué par ceux qui ont participé aux raids de l'Ordre teutonique. Cela témoigne d'un certain intérêt pour les *"Sarrasins"* de Lituanie. (photo Friedrich Böhringer.)

et précepteur du dauphin, il se consacre à l'écriture de traités et de romans à visée politique.

Contrairement à la majorité des auteurs de son époque, Mézières condamne fermement les croisades menées pour la « vaine gloire ». D'après lui, tous les efforts devraient être dirigés vers la pacification de la chrétienté et la récupération de la Terre sainte. Par contre, il ne tarit pas d'éloge au sujet de l'Ordre teutonique, qu'il érige en modèle pour une chevalerie moralisée et disciplinée. Les Lituaniens eux-mêmes sont représentés comme des adversaires nobles, qui font preuve d'un certain sens de l'honneur.

La Prusse et la Lituanie apparaissent dans le *Songe du Vieil Pelerin*, l'œuvre clef de Philippe de Mézières (1389). L'auteur a vraisemblablement parcouru l'État de l'Ordre et visité Marienburg en 1364 – en tant qu'ambassadeur du roi de Chypre, et non comme croisé. Les mœurs des païens baltes l'ont visiblement intéressé. S'il n'a pas visité la Lituanie personnellement, Mézières a eu l'occasion de se renseigner auprès de ses hôtes. Voici ce qu'il nous raconte au sujet des funérailles des grands-ducs :

"Et quant leur roy est mort ses barons l'arment de toutes ses armes, et le metent sus un biau [beau] cheval bien armé de ses armes et entour le roy mort il font une grant assamblee de sapins composee en maniere que on fait les mesengiers [cages à oiseaux], et par election les barons prendent le plus grant ami que le roy avoit, et li presentent cest honnour, c'est assavoir qu'il doye tenir compaignie a son seigneur qui tant l'ama et estre ars [brûlé] avec lui et aler en Paradis. Ledit ami se tient pour honnouré a toujours maiz de tenir compaignie a son seigneur et de sa propre volenté se met dedans le mesengier de bois emprés du roy son seigneur mort, qui est assis sus son cheval tout vif. Et lors les barons a grant devocion et a grans oroisons et regrés boutent le feu oudict mesengier de bois et ardent leur roy et son bon ami. Et les ames s'en vont tantost en Paradis ordené a telz gens".[97]

La description donnée par Mézières est très proche de celles que l'on trouve dans certaines chroniques teutoniques, ce qui permet de supposer que l'écrivain français a obtenu ses renseignements oralement, directement auprès des officiers de l'Ordre. Les recherches archéologiques menées sur les sites baltes n'ont pas permis de confirmer les dires des témoins chrétiens – dont le regard sur les pratiques païennes était, en bonne partie, biaisé – mais l'on sait tout de même que la crémation d'hommes et de chevaux avait lieu dans certains contextes, peut-être lors de funérailles ou de sacrifices.

Mézières continue son chapitre « lituanien » en racontant une anecdote qui lui a été racontée « *pour vraye*[s] *des anciens et vaillans chevaliers de la religion susdite* [i.e., de l'Ordre teutonique] ».[98] Un certain Chevalier teutonique a été capturé par

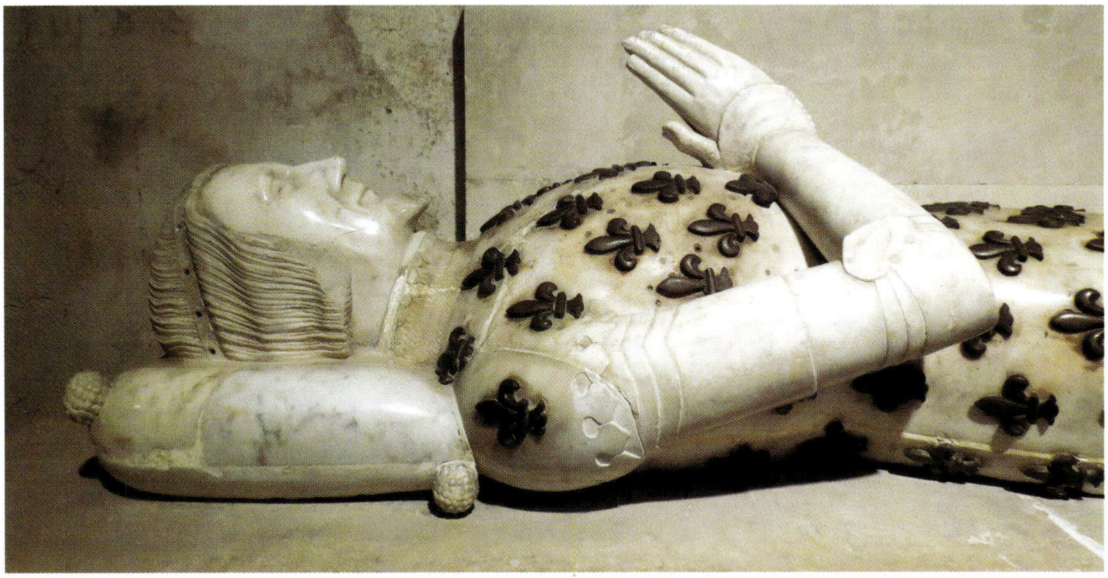

Gisant de Philippe d'Artois, comte d'Eu et connétable de France. Ce prince de sang participa à une croisade en Prusse (1387-1388), mais encore à la tristement célèbre expédition de Nicopolis, aux côtés du roi **Sigismond de Hongrie** (1396). (photo Giogo, collégiale Notre-Dame et Saint-Laurent, Eu.)

les païens lors d'une bataille, où il perdit un œil. Amené à la cour du grand-duc, il se lie d'amitié avec celui-ci, au point d'être choisi pour l'accompagner dans la mort. Il parvient à échapper à son sort en faisant remarquer aux «*barons*» lituaniens que son infirmité ferait «*grant domage a l'ame*» du grand-duc, et qu'il vaudrait mieux choisir quelqu'un qui ait ses deux yeux pour être brûlé avec celui-ci. Un argument auquel se rangent les Lituaniens : "*Ilz pristrent un aultre des amis du roy, remercierent au chevalier crestien, et le tindrent pour bon et loyal*"[99]. Le Teutonique peut rentrer auprès des siens. L'histoire est vraisemblablement en partie inventée, mais elle montre comment les Chevaliers teutoniques ont pu jouer le rôle de passeurs entre le monde balte et celui de leurs hôtes venus de l'Ouest.

Philippe de Mézières et Jean de Chastelmorand avaient donc pu obtenir des informations relativement fiables de la part des officiers teutoniques, et rapportaient sans honte que les frères à la croix noire pouvaient traiter avec leurs adversaires païens, et même se lier d'amitié avec certains d'entre eux. Tout « *Sarasins* » qu'ils soient, les Lituaniens respectent, à les croire, un code de l'honneur comparable à celui des chevaliers chrétiens, et leurs coutumes sont rapportées comme une curiosité «exotique» à même d'intriguer le lecteur ou de le faire frissonner – mais non comme un acte diabolique.

En dépit de la violence déployée lors des rèses et peut-être surtout en dehors de celles-ci, un certain respect martial, teinté de curiosité réciproque, prévalait entre les ducs lituaniens et les Chevaliers teutoniques, mais également quelques-uns de leurs hôtes. Comme en Europe occidentale, la lutte que se livrent les deux camps est cruelle pour le commun de la population, mais relativement chevaleresque pour les nobles. Néanmoins, cette configuration est amenée à basculer lors de la conversion de la Lituanie, un véritable tournant qui rebat les cartes de toute la politique européenne. Pour l'Ordre teutonique, un combat bien plus difficile commence : la lutte pour la survie.

[97] P. de Mézières, *Songe du Vieil Pelerin*, p.207.
[98] *Ibid.*, p.209.
[99] *Id.*

Le chevalier, conseiller royal et homme de lettres Philippe de Mézières représenté dans un manuscrit du *Songe du Vieil Pelerin* (après 1452). (photo BNF, Fr. 537, fol. 4.)

L'Ordre teutonique et la conversion de la Lituanie

Panorama du château de Marienburg.
(photo Arian Zwegers.)

Assaut mené entre deux cogues.
(photo British Library.)

[100] S. Gouguenheim, *Les Chevaliers teutoniques.*

Les rues de Danzig, avec l'église Sainte-Marie [en arrière-fond]. **Danzig** et **Thorn** sont deux villes marchandes qui font la fortune de l'Ordre teutonique jusqu'au début du XVe siècle.
(photo Loïc Chollet.)

L'état de l'Ordre au début du XVe siècle

Au cours des XIIIe et XIVe siècles, l'Ordre teutonique a réussi à imposer en Prusse et en Livonie un véritable État monastique, dirigé par une corporation à la fois militaire et religieuse. De leur capitale Marienburg, les grand-maîtres administrent leurs terres de manière indépendante et mènent leur propre politique. Le gouvernement central est soutenu par un réseau de commanderies, qui quadrille tout le territoire. Les colons accueillis pour exploiter les terres ou travailler en ville sont soumis au droit de Culm, un régime relativement généreux en comparaison avec la plupart des pays européens. Néanmoins, les colons sont soumis au service militaire et à l'impôt, même s'ils sont en contrepartie dispensés de nombreuses taxes commerciales. Par leurs savoirs respectifs, ces marchands, artisans, commerçants ou paysans développent dans le pays ce que les Chevaliers n'ont pas la possibilité de faire eux-mêmes.

En Prusse surtout, les villes fondées au XIIIe siècle ou annexées ultérieurement, à l'instar de Danzig, se développent selon le modèle allemand. Plans en damiers, architecture rappelant l'Allemagne du Nord, langue et culture germanique prédominent. Les villes les plus importantes (Danzig, Thorn, Königsberg, Elbing notamment) rejoignent la Ligue hanséatique, organisation marchande transnationale dont le but est de protéger le commerce sur la mer du Nord et la Baltique. Les grands-maîtres favorisent les activités commerciales de leurs sujets, mais ils tiennent à garder le contrôle des villes. Celles-ci sont dominées par les commanderies et leur autonomie politique est limitée. Interdiction leur est faite, par exemple d'ériger un beffroi, symbole de l'indépendance urbaine ailleurs en Europe. Par leur situation de dépendance vis-à-vis de l'Ordre teutonique, les villes de Prusse sont dans une situation différente de la majorité des cités hanséatiques, lesquelles bénéficient d'une liberté politique exceptionnellement large.

L'économie de la Prusse teutonique repose beaucoup sur le commerce. Le seigle et d'autres céréales sont envoyés dans toute l'Europe du Nord par l'intermédiaire de la Hanse. Le bois également est très demandé ; il semble même que le terme anglais pour désigner l'épicéa, *spruce*, trouve son origine dans le terme ancien désignant la Prusse. Aux côtés du bois et des céréales, l'ambre représente une ressource importante. Cette résine ramassée au bord de la mer est, avec les métaux, les fourrures et le miel, l'une des plus précieuses marchandises de la Baltique dont l'exploitation est strictement contrôlée par les Teutoniques. Certains animaux prestigieux, notamment les faucons, sont vendus parfois jusqu'en France. Les marchands prussiens et leurs « protecteurs » teutoniques entretiennent des relations solides avec les pôles économiques de l'Europe du Nord, de la Flandre à Novgorod, mais encore avec l'Écosse, la France et l'Angleterre. Comme ailleurs en Europe centre-orientale, la conjoncture économique est relativement bonne en cette fin du Moyen Âge : les Chevaliers teutoniques, en tant que bénéficiaires des activités commerciales de leurs sujets, sont à la tête d'une immense fortune.[100]

D'un point de vue religieux et culturel, le catholicisme et la langue allemande sont prédominants dans les villes, même si en Livonie des communautés de marchands ou d'artisans russes orthodoxes sont tolérées, pour la nécessité du commerce. Néanmoins, l'essentiel des places importantes dans les domaines religieux, politiques, économiques ou culturels sont aux mains des Allemands ou des Baltes germanisés. L'architecture des maisons, des villes, des châteaux et des églises rappelle l'Allemagne du Nord. À la fin du XIIIe siècle, la littérature en langue allemande a fait son apparition en Prusse, lorsque les prêtres se sont mis à écrire dans cette langue. Par exemple, l'auteur anonyme de la *Chronique rimée de Livonie* (fin XIIIe siècle) a choisi de s'exprimer en allemand, tout comme le héraut d'armes et chroniqueur **Wigand de Marburg** (1394). Quant au fameux chroniqueur de l'Ordre, **Pierre de Dusburg**, il a vu son œuvre traduite du latin à l'allemand par son confrère **Nicolas de Jeroschin** (env. 1335).

Outre leur sainte patronne **Élisabeth de Hongrie**, les frères vénèrent principalement les saints « guerriers » que sont Sébastien et Georges, non sans négliger les Macchabées, les héros de la résistance juive contre les païens hellénisés. La figure centrale de la spiritualité teutonique reste toutefois la Vierge Marie. Figure maternelle et guerrière censée protéger l'Ordre contre ses ennemis, la Mère de Dieu est un personnage central de l'imaginaire religieux et iconographique des Chevaliers, puisqu'on la voit sur les bannières de combat ou qu'elle se trouve honorée dans le nom même

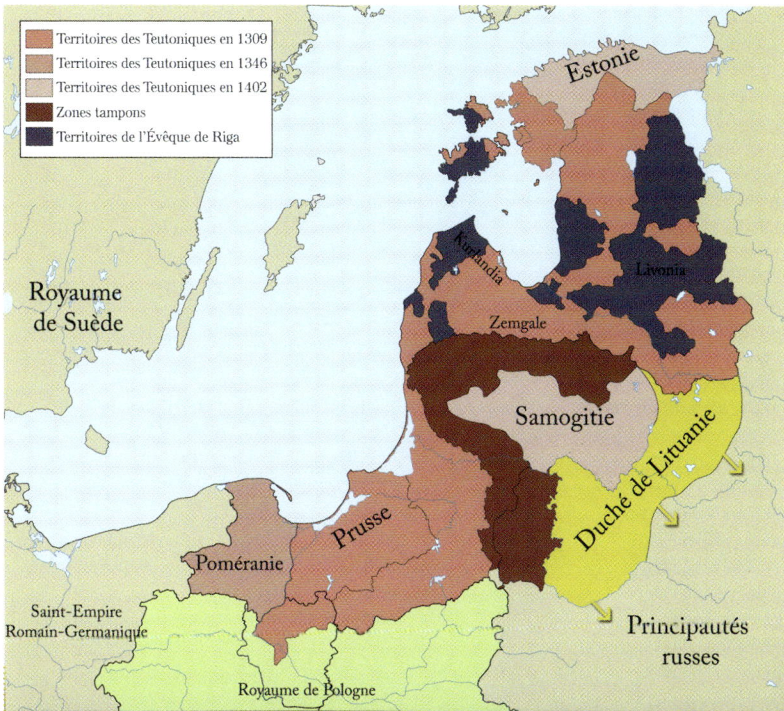

L'État de l'Ordre teutonique entre 1260 et 1410. (DAO Damien Bouet d'après S. Bollmann.)

L'imposant hôtel de ville de Thorn, l'une des plus riches villes de Prusse. (photo Loïc Chollet.)

Charge de cavalerie. (photo British Library, Bodmer 147.)

de *Maison de l'hôpital des Allemands de Sainte-Marie de Jérusalem* et celui de plusieurs châteaux (Marienburg est le plus bel exemple).

Aux frères et aux colons venus d'Allemagne, il faut ajouter les hommes d'origine prussienne ou livonienne, qui ont joué un rôle certain dans la vie économique et politique de l'Ordre. Malgré les dévastations causées par la guerre, les autochtones baltes n'ont pas été exterminés.

Pièce de monnaie de l'Ordre teutonique. (photo Tomasz Sienicki.)

Un chevalier teutonique, début XVᵉ siècle. Reconstitution historique, tournoi à Mrzyglod, Pologne. (photo Silar.)

Les chefs de clans ont progressivement été intégrés à la noblesse catholique, et sont devenus les vassaux des Teutoniques. Après l'abandon des clauses approuvées lors du traité de Christburg[101], les paysans prussiens ont été soumis à la loi polonaise, relativement rigoureuse vis-à-vis de cette classe sociale. Ils doivent participer aux corvées, payer les impôts, et les lois sont plus dures pour eux que pour les descendants des colons et des Baltes assimilés. La majorité des autochtones est en quelque sorte maintenue en dehors de la société des villes et des églises.

Plusieurs commentateurs de l'époque s'indignent de remarquer que les Prussiens ont été laissés dans un état de semi-paganisme, tant leur éducation chrétienne a été bâclée[102]. Les adversaires de l'Ordre postulent que cette situation résulte d'un calcul politique : privés des droits normalement dévolus aux chrétiens, les sujets baltes seraient ainsi plus faciles à gouverner et à mener sur le champ de bataille – car ils sont souvent appelés à combattre dans les troupes auxiliaires de l'Ordre. Néanmoins, leur condition n'était pas nécessairement pire que celle des serfs d'Europe occidentale. Qui plus est, la « négligence » des Teutoniques en ce qui concerne leur évangélisation explique que les Prussiens et les Livoniens vivant à la campagne aient gardé une partie de leur culture intacte jusqu'à la Réforme.

Ladislas Jagellon, roi de Pologne

Voilà quelle est la situation de l'Ordre teutonique à l'époque où se déroule le passage de la Lituanie au christianisme. Le premier acte a lieu le 14 août 1385, dans la ville lituaniene de Krewo (act. Kreva en Biélorussie). De puissants seigneurs polonais concluent un accord avec le prince lituanien **Jagellon** (Jogaila), en vertu duquel il s'engage à recevoir la foi catholique avant de monter sur le trône de Pologne. Fait essentiel, le baptême doit s'appliquer à l'ensemble de ses sujets du prince. La Pologne et la Lituanie seront réunies sous la couronne du roi de Pologne, sous la forme d'une union personnelle.

Du point de vue politique, cette union semble devoir profiter aux deux pays[103]. Contrairement à son oncle Kestutis, fervent défenseur du paganisme, Jagellon préfère convertir la Lituanie afin d'éviter à son pays les sempiternelles croisades menée par l'Ordre teutonique. Dans un premier temps, il pensait au monde orthodoxe auquel appartenait sa mère, **Juliana**, princesse de Tver, puis il opte pour le catholicisme. Après avoir éliminé Kestutis dans les circonstances que l'on sait, le jeune souverain envoie l'un de ses frères, **Skirgaila**, négocier avec les magnats qui dirigent la Pologne.

À la tête de ce pays se trouve une jeune fille nommée **Hedwige**. Son père, **Louis d'Anjou**, était roi de Pologne et de Hongrie : résidant la plupart du temps au bord du Danube, Louis a quelque peu délaissé son second royaume, ce qui a laissé les mains libres à l'aristocratie polonaise pour s'emparer du pouvoir. C'est donc un petit groupe de ducs, de princes et d'évêques qui décident du destin de la jeune reine, et notamment de sa vie matrimoniale. Hedwige avait été promise par son père au jeune **Guillaume d'Autriche**, mais celui-ci n'est pas un bon parti aux yeux des seigneurs polonais. Ces derniers veulent se choisir un roi à leur convenance. Or, la proposition délivrée par les émissaires de Jagellon leur paraît beaucoup plus intéressante. Dans un premier temps, participer à la conversion du dernier État païen d'Europe apporterait un grand prestige à la Pologne. Qui plus est, les riches terres de Ruthénie – alors possession lituanienne – sont alléchantes... et le grand-duché deviendrait un partenaire décisif dans le cadre d'une lutte contre l'Ordre teutonique, dont la puissance commence à irriter les magnats polonais.

Ces derniers acceptent donc la proposition lituanienne, et font savoir à Hedwige que son mariage avec Guillaume de Habsbourg n'est plus à l'ordre du jour. Mais en évinçant ce prétendant, fils du puissant duc **Léopold d'Autriche**, la Pologne se fait des ennemis. Les Habsbourg, qui lorgnaient vers la couronne polonaise, lancent une campagne de propagande à l'intention des cours européennes, disant qu'un païen a volé le trône de Pologne au malheureux Guillaume. Léopold et son fils trouvent le soutien des Chevaliers teutoniques, qui les aident à répandre leurs idées à travers la chrétienté. Néanmoins, la Papauté ne les suit pas, même si la promesse de mariage entre Guillaume et Hedwige a bel et bien été rompue. La conversion de la Lituanie est considérée comme beaucoup plus importante que les récriminations d'un fiancé éconduit... Le père de celui-ci s'en tient finalement quitte pour un dédommagement financier.

Le prince Jagellon de Lituanie reçoit ainsi le baptême le 15 février 1386, des mains de l'archevêque de Gniezno, **Bodzanta** de Kosowice. Le nouvel enfant du Christ reçoit le prénom chrétien de Ladislas (ou Wladyslaw, en polonais) et sera connu comme **Ladislas Jagellon**. Sa descendance donnera des souverains à plusieurs pays de l'Europe centrale et orientale. Trois jours plus tard, il épouse Hedwige, et est couronné roi de Pologne le 4 mars. Le dernier acte, celui qui pèsera le plus lourd sur le destin de l'Ordre teutonique, reste à accomplir.

Baptême de Ladislas III de Varna, fils de Ladislas Jagellon le 18 février 1425. (photo Tomasz Sienicki.)

[101] *Cf.* chap. 2.
[102] Par exemple, le discours *Propositio Samagitarum* lu au concile de Constance (*cf.* chap. 6).
[103] Sur le contexte : D. Baronas, S. C. Rowell, *The Conversion of Lithuania: from Pagan Barbarians to Late Medieval Christians*, Vilnius 2015 ; R. Frost, *The Oxford History of Poland-Lithuania*. vol. I *The Making of the Polish-Lithuanian Union 1385-1569*, Oxford, 2015.

Les ruines du château de Krewo (act. Kreva, Biélorussie). C'est là qu'une délégation de magnats polonais offrirent leur reine et la couronne de leur pays au prince Jagellon de Lituanie, en échange de sa conversion. (photo Pietro Vlasenko.)

Le baptême de la Lituanie par **Jan Matejko**. (photo *Wikimedia Commons*.)

La conversion de la Lituanie

Le 20 février 1387, Ladislas Jagellon réunit les membres les plus éminents de la noblesse lituanienne à Vilnius, ainsi que des hommes et des femmes du peuple. C'est le moment de baptiser le grand-duché. Selon le chroniqueur polonais **Jan Dlugosz** (m. 1480), Jagellon aurait lui-même traduit le discours des prêtres en lituanien. Ensuite, pour amadouer les nobles, il leur aurait donné des privilèges qui les mettent sur un pied d'égalité avec leurs pairs polonais. Les nobles et leurs familles sont, semble-t-il, baptisés individuellement, alors que le peuple est invité à descendre en masse dans une rivière, où les nouveaux chrétiens reçoivent tous le même prénom (par exemple « Jean », le lendemain « Casimir », etc.). Chacun obtient ensuite une chemise blanche, symbole de l'âme pure. Dlugosz continue en racontant que Jagellon aurait éteint le feu qui brûlait dans le sanctuaire de Vilnius, et tué les serpents sacrés pour montrer l'impuissance des divinités lituaniennes face au Dieu unique. Les descriptions épiques du chroniqueur doivent sans doute être relativisées, mais il semble tout de même que les Lituaniens aient suivi sans trop de résistance les injonctions de leur prince. À la suite de cette journée hautement symbolique, des églises sont bâties et des diocèses sont créés ; un Polonais devient le premier évêque de Lituanie.[104]

Bien que baptisé dans le rite catholique, **Ladislas Jagellon** invite des peintres orthodoxes, travaillant dans le style russo-byzantin, pour décorer l'intérieur de la chapelle royale du château de Lublin (Pologne). Complétées en 1418, ces fresques illustrent le mélange des cultures au cœur de l'Europe centrale. (photo Loïc Chollet.)

Lettre issue de la chancellerie de Jagellon, datée de 1414. (Varsovie. Zbiór Dokumentów Pergaminowych, sygn. 5015.)

Si l'on ne peut pas nier une réelle ouverture à la foi chrétienne, Jagellon obéit également à des motivations plus pragmatiques. Bien sûr, il était convenu qu'il devait recevoir le baptême et évangéliser sa Lituanie natale pour monter sur le trône de Pologne. Mais d'autres raisons ont compté dans son choix. D'une part, la Lituanie, une fois devenue chrétienne, peut enfin être considérée comme un État égal aux autres, et non plus comme le dernier adversaire de la croix – ce qui implique que les Teutoniques n'auront plus aucun prétexte pour mener leurs assauts habituels. Qui plus est, le paganisme traditionnel n'a plus la vitalité qui était la sienne à l'époque de son père et de son grand-père. Tant que Gediminas puis, après lui, Algirdas et Kestutis étaient victorieux, les guerriers lituaniens – qui représentent la colonne vertébrale de la société – croyaient fermement en la supériorité de leurs dieux. Mais après la prise de Kaunas en 1362 et la poussée teutonique qui l'a suivie, l'on a commencé à douter. Et si le dieu des chrétiens était le plus fort ? C'est par ce phénomène, bien connu en ce qui concerne le passage des peuples germaniques au christianisme lors du Haut Moyen Âge, que les spécialistes de la Lituanie médiévale D. Baronas et S. C. Rowell expliquent le changement de religion. Les mêmes auteurs ajoutent que le paganisme lituanien était loin d'être unifié ou « militant », et par là même, pouvait tolérer l'arrivée d'un nouveau dieu.[105]

[104] D. Baronas, S. C. Rowell, *The Conversion of Lithuania.*
[105] *Ibid.*

Représentation tardive de Jagellon (Jogalia, Ladislas) et Hedwige Ière de Pologne. (photo *Wikimedia Commons.*)

L'épée de couronnement des rois de Pologne, surnommée *Szczerbiec* (l'ébréchée). (photo *Wikimedia Commons.*)

Le sceau d'Hedwige, reine de Pologne, daté de 1386. Reproduction F.-A. Vossberg, *Siegel des mittelalters von Polen, Lithauen, Schlesien, Pommern und Preussen*, Berlin 1854. (photo *Wikimedia Commons*.)

Marcello Bacciarelli, *Portrait d'Hedwige*, vers 1770, château royal de Wawel, Cracovie. (photo *Wikimedia Commons*.)

Quant à elle, Hedwige semble avoir accepté son sort avec résignation. Adolescente, elle ne rêvait sans doute pas d'épouser ce païen dans la force de l'âge qu'était Jagellon. Le chroniqueur Dlugosz raconte au contraire qu'elle était amoureuse de son fiancé Guillaume, mais qu'elle accepta de sacrifier son destin aux intérêts de son pays et surtout de sa foi : en choisissant le Lituanien pour époux, elle devient la clef de voûte de l'évangélisation des derniers païens de l'Europe continentale. Cette très jeune femme cultivée et dévouée peut certes être vue comme un jouet entre les mains de l'oligarchie polonaise, mais l'image ne serait pas complète. D'une part, Hedwige a à cœur de seconder son mari dans les efforts d'évangélisation menés en Lituanie, mais encore elle pèse sur la politique royale en essayant de maintenir de bonnes relations entre la Pologne et l'Ordre teutonique, auprès de qui elle jouit d'une certaine estime. Elle participe également à la restauration de l'Université de Cracovie – l'une des premières tâches auxquelles se consacre son époux – et crée sur ses propres fonds un collège rattaché à l'Université de Prague spécialement dédié aux Lituaniens souhaitant étudier la théologie dans l'un des meilleurs centres intellectuels de l'Europe médiévale. Après sa mort, en 1399, elle est considérée comme une sainte par le peuple polonais. Ce n'est que six siècles plus tard, en 1997, que le pape Jean-Paul II l'a officiellement canonisée.[106]

L'église du *Corpus Christi*, à Biecz, renferme les reliques de la reine Hedwige d'Anjou, considérée comme une sainte en Pologne avant d'être officiellement canonisée en 1997. (photo Mariusz Mika.)

Reconstitution de tenues militaires lituaniennes, XIVe-XVe siècle. (photo Ministère de la Défense, Republique de Lituanie.)

Vytautas, grand-duc de Lituanie

Devenu roi de Pologne, Jagellon laisse en 1401 le titre de grand-duc de Lituanie à son cousin **Vytautas**[107], baptisé sous le nom d'Alexandre. Celui-ci a un parcours religieux assez tumultueux : dans un premier temps, Vytautas a été baptisé par les Teutoniques en 1384, avant d'être rebaptisé en 1386. Il faut rappeler qu'une violente rivalité l'a longtemps opposé à Jagellon. Vytautas, fils de Kestutis, a rapidement pris la tête des partisans de son père, et a continué la lutte pour obtenir la suprématie en Lituanie. C'est à cette époque que, réfugié auprès des Chevaliers teutoniques, il accepte son premier baptême. Le successeur de Winrich von Kniprode, **Conrad Zöllner von Rotenstein**, continue la même politique, qui consiste à diviser l'ennemi. Il soutient donc Vytautas, comme son prédécesseur avait aidé Jagellon contre Kestutis. Une lutte militaire s'engage alors entre Jagellon, devenu roi de Pologne, et son cousin Vytautas. À deux reprises, ce dernier demande l'aide de Marienburg, ce qui ne l'empêche pas d'avoir de nombreux partisans parmi les Lituaniens. Plusieurs villes passent sous l'obédience de Vytautas sans même combattre, et Jagellon comprend que seule une issue pacifique est possible dans cette guerre fratricide. Il entreprend des négociations secrètes avec son rival, qui, en 1392, se retourne contre les Teutoniques et marche sur Vilnius pour y recevoir le pouvoir.

Vytautas « le Grand », grand-duc de Lituanie, représenté par un peintre anonyme du XVIIe siècle. (photo Musée d'art lituanien, Vilnius.)

[106] T. Silnicki, *"Queen Jadwiga (1374-1399)"*, *in* J. Braun (éd.), *Poland in Christian Civilisation*, Londres 1985, p.211-244 ; O. Halecki, *"From the Union with Hungary to the Union with Lithuania: Jadwiga, 1374-1399"*, *in* W. F. Reddaway *et al.* (éd.), *The Cambridge History of Poland*, p.188-209.

[107] Sur ce personnage, parfois appelé Witold, G. Mickunaite, *Making a Great Ruler: Grand Duke Vytautas of Lithuania.*

La bataille de la Vorskla, le 12 août 1399. **Vytautas** se trouvait à la tête d'une croisade soutenue par la Papauté, et réunissant les troupes lituaniennes, polonaises, ainsi que les Chevaliers teutoniques et les Tatars fidèles à **Tokhtamysh**, l'un des prétendant à la suprématie sur la Horde d'Or. Les coalisés furent défaits par **Edigey**, le commandant des forces tatares rivales de Tokhtamysh. Illustration de la *Chronique illustrée d'Ivan le Terrible* ou *Chronique faciale* (XVIe s.). (photo *www.varvar.ru.*)

La même année, le traité d'Astravas scelle la paix entre Jagellon et Vytautas, qui devient son lieutenant en Lituanie. Dans les faits, son pouvoir correspond à celui d'un vice-roi. Gouvernant le grand-duché de façon indépendante, Vytautas consolide son influence sur les provinces ruthènes et y construit d'impressionnantes forteresses. L'époque de son règne marque l'apogée du grand-duché de Lituanie, qui s'étend de la mer Baltique à la mer Noire. En 1401, à la suite de l'Union de Vilnius et Radom, il reçoit officiellement le titre de grand-duc de Lituanie. Prince tout puissant, Vytautas aurait été près de se faire couronner roi vers la fin de sa vie, en 1430. La légende veut que les nobles polonais, jaloux, aient intercepté la couronne envoyée par le pape.

Souverain énergique, Vytautas s'engage dans de grandes entreprises militaires et symboliques faisant de lui l'un des principaux seigneurs chrétiens de l'Europe orientale. Dans un premier temps, il affronte les Tatars, autrement dit les descendants des Mongols établis en Europe orientale et convertis à l'islam. Après quelques succès, il tente une croisade contre eux en 1399. L'idée est de montrer aux principaux décideurs européens que la Lituanie convertie est devenue le bastion de la chrétienté dans cette région du monde – et par là même, de grignoter le prestige de l'Ordre teutonique. Jagellon, ferme allié de Vytautas depuis 1392, soutient l'entreprise, et le pape de Rome (nous sommes pendant le Grand Schisme d'Occident) fait proclamer partout en Europe centrale que ceux qui prendront la croix aux côtés du Lituanien seront récompensés par des indulgences. De nombreux Polonais répondent à l'appel, tout comme les Chevaliers teutoniques, momentanément réconciliés avec leurs adversaires polonais et lituaniens.

Mais le caractère de croisade prêté à l'expédition ne signifie pas que celle-ci soit le choc de la chrétienté contre l'islam. Tout comme les princes latins de Terre sainte en leur temps, Vytautas préfère le pragmatisme à l'idéologie, et n'hésite pas à s'allier avec **Tokhtamysh**, l'un des prétendants au pouvoir suprême sur la Horde d'Or. C'est donc une armée de croisés et de soldats musulmans qui marchent contre une coalition tatare à la tête de laquelle se trouve **Timur-Kutlug**, le protégé du tout puissant **Tamerlan**. Issu d'un clan apparenté à la lignée de **Gengis Khan**, celui-ci entend restaurer l'empire mongol. Le 12 août 1399, la confrontation a lieu sur les rives de la Vorskla, en actuelle Ukraine. Les croisés et leur allié Tokhtamysh sont défaits par le lieutenant de Timur-Kutlug, l'émir Edigey. Près de la moitié des chrétiens sont tués, parmi lesquels une vingtaine de princes et plusieurs Chevaliers teutoniques.

Vytautas parvient à sauver sa peau, mais l'échec cuisant subit devant les eaux de la Vorskla signifie la fin de ses ambitions orientales. Son regard et celui de Jagellon se tournent alors vers l'Ouest : vers l'Ordre teutonique. Celui-ci semble au faîte de sa puissance. En 1393, les Teutoniques ont obtenu la province de Dobrzyn auprès du duc d'Opole, un adversaire de Jagellon, et en 1402, ils achètent la Nouvelle Marche au margrave de Brandebourg.[108] Ce petit territoire leur permet d'obtenir un accès direct aux principautés du Saint-Empire, ce qui peut s'avérer capital du point de vue stratégique. Qui plus est, ils participent à la lutte contre un groupe de pirates s'étant retranché sur l'île de Gotland (act. Suède), et en profitent pour ajouter tout ce territoire à leur domaine (1399). À la même époque, ils acquièrent la Samogitie, région côtière dont on verra l'importance par la suite. Afin d'avoir les mains libres contre les Tatars, Vytautas avait cédé cette province autonome au grand-maître (1398). Pourtant, l'entente symbolisée par la participation des Teutoniques à la croisade lituano-polonaise de 1399 n'est que passagère.

Au premier abord, le baptême des Lituaniens proclamé en 1387 aurait dû apporter une certaine accalmie dans la région. Mais il n'en est rien. Dès les lendemains de la cérémonie, les tensions s'accroissent entre le nouveau bloc polono-lituanien et l'Ordre teutonique, qui craint que sa mission ne lui échappe. En effet, si les derniers païens de la région balte reçoivent le baptême sous l'égide polonaise, l'État des moines-chevaliers perd de son importance, car il est inutile de défendre la chrétienté contre des gens qui sont devenus chrétiens ! L'institution des croisades de Prusse, très rentable en termes politiques, financiers et diplomatiques, est menacée. En 1395, **Wenceslas de Bohême**, roi des Romains[109], interdit les croisades lancées contre la Lituanie désormais chrétienne. En 1403, le grand-maître **Conrad de Jungingen** demande de lever cette interdiction, ce que le pape refuse. Pour l'Ordre des Chevaliers teutoniques, la roue tourne.

Aussi, bien que la hiérarchie ecclésiastique se montre convaincue des progrès de la foi en Lituanie, les Teutoniques n'ont de cesse d'accuser Jagellon et Vytautas d'hypocrisie et de dissimulation : en utilisant la métaphore biblique des "*chiens retournant à leur vomi*" (Prov. 26 :11), les dignitaires de Marienburg écrivent, dans des lettres dépêchées aux princes d'Europe occidentale, que la conversion de la Lituanie n'est qu'un leurre, et que le paganisme reste bien vivant dans le grand-duché. Probablement que les cadres de l'Ordre, des hommes d'âge mûr qui ont vécu l'époque des rèses contre la Lituanie, n'arrivent pas à concevoir qu'une seule décision politique puisse changer la donne. Ils se souviennent aussi, sans doute, des manœuvres coutumières aux ducs lituaniens de la génération précédente, qui prétendaient être prêts à recevoir le baptême et se rétractaient au dernier moment. Les plus vieux ont peut-être entendu parler de la déception provoquée par la volte-face de Gediminas, l'initiateur de cette politique de « quasi-conversion ». Et tous connaissent parfaitement les chroniques de leur Ordre, où ces événements sont soigneusement consignés. Prisonniers de leurs schémas mentaux, ils refusent de croire que la situation puisse enfin changer.[110]

De son côté, Ladislas Jagellon se pose en converti zélé, en garant de la justice et de la vraie foi, face à des Teutoniques qui seraient rongés par la corruption et la soif de conquêtes. Plus fermement lié à Vytautas que jamais, il prétend se soucier de l'évangélisation des Samogitiens, les habitants de la dernière province balte à ne pas avoir été baptisée.[111] Bien malgré eux, ceux-ci se trouvent au centre d'un jeu politique impitoyable.

L'affaire de Samogitie

Territoire lituanien échappant partiellement à l'autorité du grand-duc, la Samogitie n'avait pas été baptisée lorsque Jagellon proclama le christianisme dans le reste du pays. Qui plus est, le grand-maître revendiquait cette région, sur la base d'une prétendue donation que le roi **Mindaugas** (milieu 1263) aurait consentie à l'Ordre. Étant donné ce contentieux, l'Église n'a pas souhaité étendre le diocèse de Lituanie à la

[108] W. Urban, *Tannenberg and After*, Chicago 2002.

[109] Le titre de roi des Romains est décerné à celui qui est amené à ceindre la couronne impériale.

[110] S. Gouguenheim, *Les Chevaliers teutoniques*, p.446 ; N. Housley, *Later Crusades*, p.356-357.

[111] E. Christiansen, *Northern Crusades*, p.169-170.

Un combattant tatar. Fidèle à la politique de (relative) tolérance pratiquée par ses prédécesseurs, **Vytautas** s'appuyait sur les Tatars ou les Juifs karaïtes, qu'il accueillait volontiers en Lituanie et à qui il donnait des terres en échange du service militaire. Des soldats tatars formaient en particulier sa garde rapprochée. (photo Yann Kervran.)

Samogitie, qui reste ainsi païenne.[112] Cette province représente un double enjeu stratégique : d'une part, elle forme un coin entre la Prusse et la Livonie, donc la posséder permettrait à l'Ordre d'unir ses deux provinces et d'interdire l'accès à la Baltique aux princes lituaniens. D'autre part, le fait que la Samogitie n'ait pas été baptisée est une garantie pour la continuation de la croisade balte : car si les rèses contre la Lituanie proprement dite sont désormais interdites, rien n'empêche de ravager cet ultime bastion du paganisme…

Si les tensions politiques dépassent largement ce petit coin de pays, la question samogitienne met le feu aux poudres. Cédée pour un temps à l'Ordre teutonique, la province païenne se soulève en 1401. Deux ans après que leurs forces communes aient été brisées par les alliés de Tamerlan, il ne reste rien de l'entente entre les Teutoniques et leurs voisins lituaniens et polonais. La reine Hedwige de Pologne, décédée en 1399, n'est plus là pour dicter une relative modération à son époux, et les vieilles rancunes reprennent le dessus. Les Teutoniques accusent les cousins Jagellon et Vytautas de soutenir les rebelles samogitiens, ce à quoi l'on répond que les frères à la croix noire ne s'intéressent qu'à la domination temporelle et non au salut des âmes. Une guerre éclate, momentanément résolue par la paix de Racianz (1404), où Vytautas et Jagellon abandonnent à nouveau la Samogitie aux Teutoniques. Il semble même que le grand-duc ait appuyé pendant un certain temps les actions « missionnaires » des Chevaliers, qui brûlent les bois sacrés des Samogitiens, mais n'osent entreprendre une conversion en règle de la région. Se sachant détestés par les habitants, les moines-soldats restent pour ainsi dire enfermés dans leurs forteresses et n'en sortent qu'accompagnés d'importantes escortes. La situation ne peut pas durer.

En 1409, les Samogitiens prennent à nouveau les armes contre les Teutoniques. Cette fois-ci, ils ont le soutien de Vytautas, contre qui le roi de Pologne n'entreprend rien. Au contraire, puisqu'il semble que ce soit lui qui ait manigancé l'affaire, de concert avec son cousin.[113] Devenus trop puissants, les frères à la croix noire faisaient peser une menace constante sur le pouvoir personnel de Jagellon et de Vytautas. Qui plus est, Marienburg avait à maintes reprises fait preuve d'hostilité depuis les événements de 1386-1387 : les souverains polonais et lituaniens ont donc décidé qu'il était temps de rabattre l'orgueil des Chevaliers. Lorsque la seconde rébellion samogitienne éclate, le grand-maître **Ulrich de Jungingen** comprend qui en tire les ficelles. Ultime provocation, l'archevêque **Nicolas Traba**, primat de Pologne, vint lui signifier que toute attaque contre la Lituanie serait considérée comme une insulte à la couronne polonaise. Jungingen décide

Allégorie de la Lituanie dans l'église Saint-Pierre-le-Jeune à Strasbourg, détail d'une fresque du XIXe siècle, représentant la christianisation de l'Europe. (photo Damien Bouet.)

Le château de Trakai, construit sur une île du lac Galve. Bien que la capitale soit située à Vilnius, cette belle forteresse est la résidence préférée du grand-duc **Vytautas**. (photo Loïc Chollet.)

Stéphane, voïévode de Moldavie, jure fidélité au roi **Jagellon** et à la reine **Hedwige**, en 1395. La Moldavie passera toutefois dans l'orbite lituanienne lors de la première moitié du XVe siècle (photo Zbiór Dokumentów Pergaminowych, nr 5329.)

[112] D. Baronas, S. C. Rowell, *Conversion.*

[113] Sur ce qui suit, S. Gouguenheim, *Tannenberg 1410*, Paris, 2012.

Statue représentant Vytautas à Kaunas. (photo *Wikimedia Commons.*)

Un paysage typique du grand-duché de Lituanie : le confluent de la Viliya et du Naratch (actuelle Biélorussie). (photo Alex Zelenko.)

alors d'attaquer la tête de la coalition. En août 1409, ses troupes pénètrent en Pologne, ravagent les villes de Dobrzyn et Bydgoszcz : l'opinion est scandalisée, et la noblesse locale, qui jusque-là se tenait à l'égard de la politique de son roi, se sent trahie par l'Ordre teutonique. C'est exactement ce que Jagellon et Vytautas voulaient.

Le grand-maître Jungingen se serait contenté de cette démonstration de force, mais ses adversaires n'entendent pas en rester là. Refusant toute tentative d'arbitrage, ils organisent des réunions secrètes avec le prince tatar **Djalal-ed-Din**, qui promet de mettre ses hommes à la disposition des cousins. À l'été 1410, ils alignent une immense armée dans le but d'envahir la Prusse. La stratégie est implacable : alors que des agents provocateurs laissent entendre que l'armée d'invasion sera divisée en plusieurs corps, dont le plus important viendrait de Lituanie, toutes les forces polono-lituanienne, renforcées par les vassaux ruthènes, les alliés tatars et des contingents de mercenaires tchèques et moldaves, se réunissent dans le nord de la Pologne. Lors de la dernière semaine de juin, une immense armée franchit la Vistule sur un pont flottant, non loin de Czerwinsk. L'invasion de la Prusse a commencé.

La bataille de Tannenberg, le 15 juillet 1410. Gravure illustrant la *Chronique du monde* de Marcin Bielski (1551).(photo *Wikimedia Commons.*)

Charge de cavalerie par des chevaliers de l'Ordre. (photo Lukasz Niemiec.)

La bataille de Tannenberg

Troublé par les informations contradictoires qui parvenaient à ses espions, le grand-maître s'est laissé doubler. Une fois qu'il a la certitude que ses ennemis ont pénétré sur son territoire, où ils mettent tout à feu et à sang, il fait avancer son armée à marche forcée pour leur faire barrage. Mais il a perdu trop de temps. Ses hommes sont exténués. Lorsqu'ils aperçoivent leurs adversaires entre les villages de Grunwald et de Tannenberg, le 15 juillet 1410[114], les Chevaliers teutoniques sont pourtant conscients de représenter l'une des meilleures forces militaires d'alors. Jungingen sait qu'il peut encore espérer la victoire ; il veut en finir au plus vite.

En face de lui, Jagellon n'est pas pressé de se battre. Il fait dire des messes, et fait ses dévotions pendant que les Teutoniques attendent, sous un soleil de plomb. Tout à coup, un héraut d'armes se présente devant la tente royale, portant deux épées. C'est un signe de défi que le grand-maître fait parvenir à son rival : Jagellon saisit l'une des épées, et accepte ainsi le combat. Le sort est jeté. Cet épisode, attesté par les sources contemporaines, peut se lire de deux manières : d'un point de vue militaire, Jagellon laisse ses ennemis dans l'attente, et c'est donc lui qui choisit le moment d'attaquer. Et symboliquement, le fait de longuement prier avant la bataille laisse entendre à tous qu'il agit en roi chrétien, en ami de la paix. S'il se bat, c'est forcé par les Teutoniques.

Pourtant, toute l'opération était parfaitement planifiée. La coalition regroupe non seulement les « bannières » des chevaliers polonais avec leurs hommes de mains, ainsi que les contingents lituaniens et ruthènes, mais aussi les redoutables Tatars engagés par Djalal-ed-Din, à qui s'ajoutent les mercenaires moldaves et tchèques, parmi les plus réputés de l'Europe centrale. Jagellon, bien que chef suzerain des coalisés, laisse le commandement militaire à Vytautas, plus expérimenté que lui dans l'art de la guerre. Ulrich de Jungingen, quant à lui, n'a pas eu le temps de recruter une aussi grande armée, mais il peut néanmoins compter sur ses fidèles Teutoniques, leurs auxiliaires levés parmi la population de Prusse ainsi qu'un certain nombre de chevaliers étrangers, volontaires ou mercenaires.

Dans un premier temps, l'armée teutonique tient le choc, mais lorsque la cavalerie lituanienne fait mine de s'enfuir après avoir échangé quelques coups, les hôtes de l'Ordre se lancent à sa poursuite. C'est en réalité un piège, inspiré des ruses de guerre tatares : en simulant la fuite, le but est de laisser l'ennemi croire qu'il est maître du champ de bataille. Pensant la victoire à portée de main, il se précipite sur les prétendus fuyards, rompt son ordre de bataille, et laisse ses flancs à découverts. C'est alors qu'on lui donne le coup de grâce[115].

Cette tactique fonctionne à merveille. Une fois l'armée teutonique disloquée, des troupes polonaises encore fraîches sortent des bois environnants et fondent sur les soldats de l'Ordre. Pris de panique, ceux-ci réalisent trop tard qu'ils sont tombés dans un piège. Beaucoup se rendent, d'autres tentent de fuir. De leur côté, les Lituaniens retournent sur leurs pas et se joignent aux forces polonaises. Les nombreux auxiliaires, Tatars, Ruthènes, Tchèques et Moldaves terminent la manœuvre d'encerclement. Vytautas chevauche partout où il peut, criant ses ordres aux quatre coins du champ de bataille, alors que le roi Ladislas Jagellon est attaqué par un Chevalier teutonique, qui le vise de sa lance. Le roi de Pologne doit la vie sauve à son secrétaire **Zbigniew Olesnicki**, futur archevêque de Cracovie. Zbigniew, *"qui, s'il était bon latiniste, était non moins bon jouteur"*, selon la belle formule de l'écrivain Henryk Sienkiewicz[116], pare le coup et met à terre l'agresseur. Le grand-maître Ulrich a moins de chance : il est tué à coup de lance alors qu'il tente de charger les lignes lituaniennes. La plupart de ses officiers subissent le même sort. Après dix heures de carnage, la victoire appartient au roi de Pologne et au grand-duc de Lituanie. La machine de guerre teutonique, considérée jusque-là comme pratiquement imbattable, est vaincue.

La bataille livrée entre les villages de Tannenberg et de Grunwald marque la fin de l'hégémonie militaire teutonique : deux jours plus tard, les sur-

Le prince tatar Djalal-ed-Din, fils de **Tokhtamysh**. Allié fidèle de **Vytautas**, il l'assiste lors de l'invasion de la Prusse qui aboutira à la bataille de Tannenberg. Illustration de la *Chronique illustrée d'Ivan le Terrible* ou *Chronique faciale* (XVIe siècle). (photo Wikimedia Commons.)

Les Teutoniques peuvent compter sur leurs hôtes, comme on appelle les chevaliers laïcs venus leur prêter main forte. (photo Lukasz Niemiec.)

[114] Cette bataille, l'une des plus importante du Moyen Âge européen, est appelée Grunwald en polonais, Zalgiris en lituanien, Tannenberg en allemand. Cette dernière forme est entrée en usage dans la plupart des langues occidentales.

[115] S. Ekdahl, *"The Turning Point in the Battle of Tannenberg (Grunwald/Žalgiris) in 1410", Litaunus* n°56/2, 2010.

[116] H. Sienkiewicz, *Les Chevaliers Teutoniques*, Paris, 1905, p.416. Dans les années 1430, le même Zbigniew Olesnicki exercera une grande influence sur le gouvernement de la Pologne, et obtiendra la pourpre cardinalice.

Jan Matejko, *La bataille de Grunwald (Tannenberg)*, 1878. Très célèbre, ce tableau juxtapose les principaux protagonistes de la bataille, selon une composition qui ne se veut aucunement réaliste. (photo Musée National, Varsovie.)

Le roi Ladislas Jagellon marche vers le champ de bataille. (photo Lukasz Niemiec.)

vivants de l'Ordre sont assiégés dans le château de Marienburg. La défense est organisée par un énergique chevalier du nom d'**Henri de Plauen**, alors commandeur de Schwetz (Swiecie). Dès qu'il eut vent du désastre, il se précipita au siège de l'Ordre pour tenter de redresser la situation. Son talent militaire et son charisme aident ses frères chevaliers à tenir le choc, et les assaillants ne tardent pas à lever le blocus. Peut-être dans le but de maintenir un contrepoids face à la Pologne, Vytautas abandonne Jagellon, qui apprend soudain que des troupes hongroises ont pénétré dans le sud de son royaume. Le roi de Hongrie, **Sigismond de Luxembourg**, est en effet allié à l'Ordre teutonique, et ne souhaite pas que son voisin polonais devienne trop puissant. Jagellon doit donc négocier, et entame les pourparlers devant aboutir à la paix de Thorn, en février 1411. Henri de Plauen, élu en novembre 1410 au magistrat suprême, doit accepter une forte indemnité de guerre, et abandonne la précieuse Samogitie à Jagellon et Vytautas, mais uniquement tant que ceux-ci sont vivants. Pour les dirigeants de Pologne et de Lituanie, ce n'est pas suffisant. Les hostilités ne vont pas tarder à reprendre.

Des armes à la propagande

Sur le plan militaire, Tannenberg est un échec, mais les Teutoniques entendent tourner cet événement à leur avantage, en le présentant comme la défaite du christianisme devant une coalition de traîtres à la foi, d'infidèles et de schismatiques[117]. Déjà avant la bataille, quelques lettres avaient été envoyées aux cours européennes pour nuire à l'image des souverains polonais et lituanien, mais après Tannenberg, les accusations redoublent de violence. Les premières missives d'Henri de Plauen partent dès juillet 1410, quand

La Première Paix de Thorn, signée le 11 février 1411, entre **Ladislas Jagellon**, roi de Pologne, et **Henri de Plauen**, grand-maître de l'Ordre teutonique. Forcé de reconnaître sa défaite, ce dernier accepte de verser une indemnité de guerre à la couronne polonaise, mais surtout, il abandonne la Samogitie à Jagellon et à Vytautas – uniquement du vivant de ceux-ci. Cette petite province, encore officiellement païenne, reste au cœur des tensions entre les puissances baltes. (photo *Wikimedia Commons*.)

L'artisan de la défense teutonique face aux Polono-Lituaniens est un chevalier du nom d'Henri de Plauen. Commandeur de Swiece, il n'avait pas participé à la bataille de Tannenberg. Une fois élu à la tête de l'Ordre, il tente de rallumer la flamme des rèses en écrivant aux princes et en envoyant des messagers aux cours européennes. (photo Krystyna Jarosławska, cathédrale de Marienwerden, actuellement Kwidzyn.)

il est encore assiégé dans Marienburg, et visent d'abord à appeler les princes chrétiens à l'aide. Voici quelle est la tonalité de ses appels :

"À tous les princes, barons, chevaliers et hommes en armes et tous les autres chrétiens loyaux que ces lettres atteignent. Nous, frère Henri de Plauen, castellan de Swiecie, agissant en place du grand-maître des Chevaliers teutoniques de Prusse, vous notifions que le roi de Pologne et le duc Vytautas, avec une grande force et des Sarrasins infidèles ont assiégé le château de Marienburg. Dans ce siège, vraiment toute la faculté et toute la puissance de l'Ordre sont engagées. Ainsi, nous vous demandons, pour autant que vous le puissiez, illustres et nobles seigneurs, de permettre à vos sujets qui désirent nous assister et nous défendre par amour du Christ et de toute la chrétienté, ou, en un mot, pour une bonne indemnité et un salaire, de venir à notre aide aussi tôt que possible pour qu'avec votre assistance nous puissions leur résister et les chasser".[118]

Cette fois-ci, l'on n'essaie plus de jouer sur le sentiment d'honneur des chevaliers étrangers pour attirer des volontaires sans avoir à les payer : le temps presse, et le recours aux mercenaires est directement évoqué. Les lettres de Plauen sont relayées par les commanderies d'Allemagne, et continuent d'arriver dans les cours européennes même après que le siège ait été levé.

Les scribes et les émissaires mandatés par l'Ordre teutonique essaient d'imposer partout en Europe l'idée que le roi de Pologne aurait trahi la chrétienté en s'alliant avec les païens samogitiens et les musulmans tatars. On insiste sur la cruauté de ces derniers, qui se seraient rendus coupables des pires atrocités : viols, infanticides et anthropophagie, notamment lors de la prise de Gilgenburg (actuellement Dabrowno, en Pologne), où ils auraient profané les hosties et les images du Christ. Les propagandistes de l'Ordre ont compris qu'énumérer ces horreurs soulèverait un sentiment d'indignation à l'égard de ceux qui les ont permises. La défaite des Chevaliers est ainsi présentée comme un martyre, qui devrait unir la chrétienté dans un élan de solidarité, permettant de mobiliser plus de croisés pour en finir une fois pour toutes avec ces hordes impies.

Du côté polonais, l'on se préparait dès avant la reprise des hostilités en 1409 à combattre par la plume autant que par le fer. Les juristes et les théologiens de l'Université de Cracovie réfléchissaient depuis quelque temps déjà au concept de guerre juste, car la monarchie savait qu'elle devrait contrer la propagande de l'Ordre. Les intellectuels polonais représentent alors un net avantage sur des Chevaliers teutoniques dépourvus d'experts capables de les défendre sur le terrain juridique et académique[119]. Qui plus est, les réseaux polonais présents à la Curie permettent de présenter à Rome une version des événements qui soit favo-

[117] K. Polejowski, *"The Teutonic Order's Propaganda in France during the Wars against Poland and Lithuania (Fifteenth Century)"*, *in* K. Borchardt, L. Jan (éds.), *Die geistlichen Ritterorden in Mitteleuropa. Mittelalter*, Brno, 2011, p.233-242.

[118] M. Biskup, *"Das Echo der Tannenbergschlacht und der Belagerung Marienburgs im deutschen Zweig des Deutschen Ordens im Sommer 1410"*, in U. Arnold (dir.), *Beiträge zu der Geschichte des Deutschen Ordens*, vol. 2, Marbourg, 1993, p.120.

[119] S. Gougenheim, *Les Chevaliers teutoniques*, p.488-489.

rable à Cracovie. La ligne générale de la « contre-propagande » polonaise vise à montrer que la Pologne de Jagellon est dans son bon droit, et que l'Ordre teutonique, entaché du péché d'orgueil, a été justement puni à Tannenberg. On tente également de justifier la présence de non-chrétiens dans les rangs de l'armée polono-lituanienne en rappelant que, lors d'une guerre juste, l'on peut s'allier avec qui l'on veut, car nécessité fait loi.

Face à cette double propagande contradictoire, les réactions en Europe ont été plutôt contrastées. Le royaume de France, important pourvoyeur de volontaires à la grande époque des rèses, penche plutôt en faveur des Teutoniques. Peu avant la bataille, l'influent prélat **Pierre d'Ailly**, futur cardinal, avait promis des indulgences aux Hennuyers qui prêteraient main-forte aux moines-soldats puis, en janvier 1412, le roi **Charles VI** écrit à Jagellon pour le menacer d'une riposte au cas où il continuerait à harceler la Prusse. La bonne entente entre l'Ordre et le duc de Bourgogne, **Jean sans Peur**, qui est à ce moment l'homme fort de Paris, a sans doute joué un rôle. À cet égard, les chroniqueurs français **Enguerrand de Monstrelet** et **Michel Pintoin** (dit « le Religieux de Saint-Denis ») donnent une version de la bataille de Tannenberg fidèle au point de vue des Teutoniques ; il est vrai que leurs informateurs étaient des émissaires de l'Ordre ou des chevaliers étrangers ayant combattu à ses côtés.

Ailleurs en Europe, l'impression est beaucoup plus nuancée : le chroniqueur anglais **Thomas Walsingham** raconte que le roi de Pologne, nouvellement baptisé, avait besoin d'aide pour se protéger de rebelles païens, mais que les Teutoniques l'attaquèrent traîtreusement, et furent ainsi punis par leur défaite à Tannenberg[120]. La plupart des autres chroniqueurs relatent l'événement d'un ton plus neutre, comme le Bernois **Conrad Justinger**, qui note tout de même que l'Ordre aurait été perdu par son avarice : *"une grande chevalerie vint auprès de l'Ordre teutonique, qui voulait épargner son argent, et a laissé les chevaliers et les écuyers lui tourner le dos ; ceux-ci allèrent auprès du roi de Pologne, qui les accueillit volontiers"*[121].

Dans l'ensemble, l'engouement pour une nouvelle campagne anti-polonaise n'est pas à la hauteur de ce qu'aurait espéré le grand maître. Bien peu de volontaires prennent le chemin de la Prusse : parmi eux, l'écuyer et grand voyageur bourguignon Guillebert de Lannoy, qui dit, dans ses notes de voyage être parti *"pour aller en Prusse contre les mescréans en une armée que faisoient les seigneurs de Prusse"*[122], à l'automne 1413. L'homme, un membre de la moyenne noblesse bourguignonne étant devenu l'échanson du duc Jean sans Peur, est reçu avec les honneurs par Henri de Plauen, lequel cherche désespérément à rallumer la flamme des si rentables voyages en Prusse. Guillebert est reçu à Marienburg – ce qui était auparavant un privilège réservé aux plus grands – et il est adoubé lors d'une attaque lancée contre le duc **Boguslaw** de Poméranie, allié au roi de Pologne. Il remarque pourtant que les rèses de Prusse, ces glorieuses expéditions auxquelles participait la fine fleur de la chevalerie européenne, appartiennent au passé.

[120] T. Guard, *Chivalry, Kingship and Crusade*, Woodbridge, 2013, p.88.
[121] *Conrad Justingers Berner-Chronik*, éd. E. Stierlin, J. R. Wyss, Berne, 1819, p.268.
[122] G. de Lannoy, *Voyages et ambassades, in Œuvres de Ghillebert de Lannoy, voyageur, diplomate et moraliste*, éd. C. Potvin, Louvain, 1878, p.20.
[123] À ce sujet, S. Gougenheim, *Les Chevaliers teutoniques*, p.537-558 ; M. Burleigh, *Prussian society and the German Order*, Cambridge, 1984.

Un chef tatar et son porte-étendard. Bien que décrits dans les pamphlets de l'Ordre teutonique comme cruels et sacrilèges, les Tatars n'ont pas particulièrement impressionné **Guillebert de Lannoy**, qui les a rencontrés à plusieurs reprises lors de ses pérégrinations. D'après son propre témoignage, certains lui ont même sauvé la vie... (photo Yann Kervran.)

Des soldats tatars à l'assaut d'une fortification. La présence dans l'armée polono-lituanienne de ces guerriers musulmans permet à Plauen et à ses successeurs de présenter la défaite de Tannenberg comme un martyre subi des mains de "Sarrasins" et de renégats – les Polonais étant accusés d'avoir pactisé avec des Ruthènes « schismatiques » (orthodoxes), des Lituaniens mal évangélisés, des Samogitiens encore païens et des Tatars musulmans. (photo Yann Kervran.)

La Prusse contre l'Ordre teutonique

L'expédition à laquelle participe Guillebert de Lannoy intervient lors d'une période très difficile pour l'Ordre teutonique. Même si notre témoin français note la richesse dont disposent toujours les maîtres de Marienburg, leur puissance n'est plus que l'ombre d'elle-même. Les soutiens venus de l'Occident se font de plus en plus rares, une grande partie des élites européennes considère la Lituanie comme définitivement chrétienne, et la machine de guerre qui imposait le respect à tous ses voisins a été engloutie à Tannenberg. Mais il y a plus grave : une opposition voit le jour parmi les sujets mêmes de l'Ordre. Si les Chevaliers ont largement aidé à édifier de riches villes commerçantes aux bords de la Baltique, qu'ils ont permis aux colons venus de toute l'Europe du Nord d'y faire fortune et qu'ils les ont défendus contre les attaques des païens, ceux-ci sont loin de faire preuve d'une reconnaissance absolue.

Cette situation s'explique justement par la politique de colonisation menée depuis le XIIIe siècle par l'Ordre teutonique, et qui a participé à créer au fil des siècles une identité propre à la Prusse[123]. Au-delà des origines baltes, polonaises ou germaniques, la noblesse et la bourgeoisie marchande se sentent de plus en plus liées à la terre prussienne, et commencent à considérer les Chevaliers comme des maîtres « étrangers », car ceux-ci sont rarement natifs de la Baltique. Venus essentiellement de Rhénanie, de Franconie, de Thuringe ou de Saxe, ces hommes sans épouses ni enfants légitimes ne peuvent pas faire souche et s'intégrer au monde balte. Une situation de caste se dessine, où les Chevaliers représentent une sorte d'élite dominante, étrangère à la terre qu'ils gouvernent. Plus grave encore, des tensions apparaissent entre les Teutoniques eux-mêmes, en fonction de la région d'où ils sont originaires : par exemple, le « parti franconien » est soutenu par la puissante dynastie des Hohenzollern, qui parvient, dès la fin du XIVe siècle, à étendre son influence dans les rangs de l'Ordre.

Qui plus est, les accusations de brutalité et de sévices vis-à-vis des populations locales, notamment de viols, se font de plus en plus fréquentes. La réputation des frères se dégrade dangereusement auprès d'une partie de la population prus-

Guillebert de Lannoy, représenté dans l'*Armorial de l'Europe et de la Toison d'Or.* (photo Bnf, Ms. 4790, f.152v.)

sienne. Et en ce début de XVe siècle où la bourgeoisie marchande monte en puissance, l'Ordre n'est pas prêt à modifier ses structures pour donner plus de libertés à ceux qui, par leurs activités commerciales, assurent sa fortune. À l'époque où l'Italie et les Flandres vivent leur âge d'or, les Chevaliers n'entendent pas assouplir les structures toutes médiévales qui régissent la Prusse. Les villes marchandes de Danzig, Thorn, Memel (act. Klaipeda, en Lituanie) ou Königsberg étouffent sous la pression de cette corporation militariste. La bourgeoisie urbaine, soutenue par la noblesse laïque, cherche à inverser la situation. Les nobles du pays de Chelmno (Culm), une province frontalière de la Pologne, ont à cet égard créé dès 1397 une société secrète nommée "Ligue du Lézard", qui prétend officiellement combattre pour plus de justice, mais peut avoir visé un autre but : le rattachement de leur terre au royaume de Pologne.

À la suite de Tannenberg, la situation est explosive. Danzig et Thorn sont prêtes à reconnaître la souveraineté polonaise et une partie de la noblesse prussienne suit le même chemin. Les libertés promises par les Polonais sont tentantes pour les sujets du régime autoritaire de Marienburg. Mais après que les troupes polonaises eurent évacuées la Prusse, Plauen et ses hommes se vengent. En avril 1411, le commandeur de Danzig, un parent du grand-maître Henri de Plauen, capture les magistrats de la ville par traîtrise, et les fait tout bonnement égorger avant de jeter leurs corps sur du fumier[124]. Toute forme de contestation est considérée comme un acte de rébellion. La même année, le chef de la Ligue du Lézard, un certain **Nicolas de Renys**, est accusé d'avoir volontairement abaissé sa bannière lors de la bataille de Tannenberg, ce qui aurait provoqué la déroute de l'Ordre. Or, nombreux sont ceux qui ont préféré se rendre plutôt que se faire tuer pour ces maîtres si peu aimés. Qu'à cela ne tienne, Renys fera office de bouc émissaire : impitoyable, Henri de Plauen lui fait couper la tête sans autre forme de procès.

Plus grave encore, la division interne se creuse entre les Chevaliers revanchards et ceux qui préfèrent une issue diplomatique à l'affrontement avec la Pologne. À l'automne 1413, le très jusqu'au-boutiste Henri de Plauen est arrêté par le maréchal de l'Ordre **Michael Küchmeister von Sternberg**, soutenu par une partie des villes et de la noblesse. Officiellement, Plauen est accusé de nourrir une sympathie coupable pour l'hérésie de l'Anglais **John Wyclif**, mais il semble bien que la raison réelle de sa chute soit la lassitude de beaucoup de frères envers la « dictature » de cet homme brutal. **Guillebert de Lannoy**, qui est en Prusse lors de l'événement, ne peut s'empêcher de plaindre celui qui l'avait si bien reçu, puis il prend la route vers la lointaine Livonie pour entamer un périple qui le mènera jusqu'en Russie, en Lituanie et en Pologne. Avant de rentrer en France, il repassera au printemps 1414 *"par ung chastel nommé Ingleseberch* [Engelsburg, en Prusse] *ouquel on tenoit le hault maistre qui la saison devant avoit esté dégradé et demis de sa seignourie, et alay devers luy pour le visiter en sa misère, dont j'en euz grant pitié"*[125]. Entretemps, Küchmeister s'est fait élire à la fonction suprême.

[124] S. Gougenheim, *Les Chevaliers teutoniques*, p.549-550.
[125] G. de Lannoy, *Voyages et ambassades*, p.45.
[126] Jean XXIII est le successeur d'Alexandre V, élu par le concile de Pise en 1409. Tous trois partisans du pape de Rome, la Pologne, la Lituanie et l'Ordre teutonique décident de suivre le pape « pisan » et son successeur.

Le changement à la tête de l'Ordre teutonique est loin de satisfaire le roi de Pologne, qui n'a pas fini de régler ses comptes. Les arbitrages proposés par le roi Sigismond de Hongrie n'ont abouti à rien, et il sait que la bonne volonté affichée par le nouveau grand-maître ne peut être que passagère. Refusant dans un premier temps de reconnaître la légitimité de ce dernier, Jagellon lance une nouvelle invasion de la Prusse à l'été 1414. Cette fois-ci, les Teutoniques ne tentent pas la bataille rangée : réfugiés derrière les murailles de leurs châteaux, ils se contentent d'attendre que les envahisseurs, affamés, se retirent. Cet épisode est surnommé « la guerre de la faim », en raison de la politique de la terre brûlée pratiquée par les deux armées.

C'est alors que se présente en Prusse un personnage comme on en avait plus vu depuis longtemps : un légat, autrement dit un envoyé de la Papauté. **Guillaume de Challant**, évêque de Lausanne, a été dépêché par le pape « conciliaire » **Jean XXIII** pour inciter les belligérants à la paix et les sommer de se rendre au concile devant s'ouvrir à Constance[126]. Immense assemblée voulue par **Sigismond de Hongrie**, devenu roi des Romains (1411), le concile réunit entre 1414 et 1418 les prélats, les princes et les seigneurs de toute la chrétienté. Le but principal est de régler une fois pour toute le schisme qui divise l'Église catholique, mais l'on entend également régler les affaires les plus importantes du temps. Parmi celles-ci, la querelle qui oppose l'Ordre teutonique à la Pologne et le baptême de la Samogitie, lequel se fait toujours attendre. Jagellon et ses conseillers comprennent tout l'intérêt qu'ils peuvent tirer de ce véritable forum international en termes d'influence diplomatique. Une trêve est donc conclue sous la houlette du légat Guillaume de Challant, et chaque camp envoie ses représentants à Constance, avec pour mission de convaincre les dirigeants de l'Europe catholique. Pour les Chevaliers teutoniques, une nouvelle lutte va commencer, encore plus risquée que celle menée l'épée à la main.

Le Grand schisme d'Occident

Entre 1378 et 1417, l'Église est divisée en deux, puis en trois obédiences. Depuis 1309, le pape siège à Avignon, un territoire dans l'orbite de la France. De ce fait, les papes avignonnais sont souvent français, et francophiles. Ce qui ne plait guère aux habitants de Rome, qui ne cessent d'implorer le souverain pontife de "rentrer" dans la Ville éternelle. À la mort du pape **Urbain V**, en 1378, une partie du Sacré Collège se réunit à Rome pour élire un nouveau pontife. Sous la pression de la foule, le cardinal de Bari reçoit la tiare et prend le nom d'**Urbain VI**. Certains cardinaux français ne l'entendent pas de cette oreille, et élisent à leur tour **Robert de Genève**, qui devient **Clément VII** et reste à Avignon. La chrétienté latine a donc deux papes ! Et le contexte géopolitique européen, marqué notamment par la guerre de Cent Ans, accroît le problème puisque la France et ses alliés s'empressent de reconnaître le pape d'Avignon, alors que l'Angleterre, le Saint-Empire et la majeure partie de l'Europe centrale rejoignent l'obédience romaine, à l'instar de l'Ordre teutonique et de la Pologne puis de la Lituanie.

En 1409, l'on parvient à réunir un concile à Pise, qui élit un troisième pape (**Alexandre V**) et enjoint aux deux autres de se retirer. Ce qu'ils refusent de faire… Lassés de la situation, la majorité des États européens abandonnent progressivement "leurs" papes pour ne reconnaître plus que celui élu par le concile. Telle est la démarche opérée par l'Ordre teutonique, la Pologne et la Lituanie. Il faut toutefois attendre 1417 pour que l'élection de **Martin V** par le concile de Constance ne soit reconnue par tous, ce qui met un terme définitif au schisme.

Danzig, l'une des plus riches villes de Prusse, se révolte contre l'Ordre teutonique en 1411. La répression est féroce, et laissera des traces dans les mémoires. [Au centre]: la plus grande grue médiévale conservée en Europe. (photo Diego Delso.)

Représentation tardive d'Henri de Plauen Grand-maître à partir de novembre 1410, il mène une politique autoritaire et revancharde, ce qui l'oblige à engager de plus en plus de mercenaires. Lassés par sa dureté et le favoritisme éhonté dont il fait preuve envers sa parentèle, les officiers de l'Ordre finissent par le renverser en automne 1413. Dégradé, Plauen termine sa carrière dans une petite commanderie au bord de la Vistule. *Porträtsammlung* (après 1684). (photo Bildarchiv Austria.)

Karl Friedrich Lessing,
Le Retour du croisé (1835).
Rheinisches Landesmuseum, Bonn.
(photo AKG images.)

La fin de l'aventure

Le Concile de Constance

Aux derniers jours de 1414, les délégués de l'Ordre teutonique arrivent dans la ville de Constance afin d'y soutenir les prétentions des frères face aux représentants de toute la chrétienté latine[127]. Au début de l'année suivante, le procureur du grand-maître, **Pierre Wormditt**, délivre devant le concile un discours, où il rappelle le rôle joué par l'Ordre dans la défense de la chrétienté et conclut par un vibrant appel à l'aide. Sans grand succès, puisque le pape **Jean XXIII** nomme le roi de Pologne vicaire général pour la Russie avec pour mission d'y organiser le retour des croyants dans le giron de l'Église catholique. Ce serait un coup dur pour l'Ordre, si Jean XXIII ne s'était pas rapidement délégitimé en tentant de fuir le concile avant d'être déposé ! Mais la partie est loin d'être jouée. N'ayant plus de pape à convaincre, les délégués teutoniques et leurs adversaires polonais tentent de s'attirer la sympathie des princes et des ecclésiastiques présents au concile, qui peuvent être autant d'alliés potentiels capables de dépêcher des mercenaires d'un côté ou de l'autre.

Les délégués polonais, parmi lesquels des juristes formés dans les meilleures universités européennes, sont des adversaires plus terribles encore que leurs compatriotes bardés de fers[128]. Pour émouvoir les pairs conciliaires et les seigneurs assistant aux discussions, ils font venir à Constance une délégation d'une soixantaine de nobles Samogitiens, qui se présentent devant le concile en février 1416. Leur porte-parole délivre un discours appelé *Propositio Samagitarum* (Proposition des Samogitiens), probablement écrit par une petite équipe de diplomates polonais et lituaniens. Ces païens venus du lointain Nord racontent devant l'élite de l'Europe catholique qu'ils désirent recevoir le baptême, mais que la rapacité et l'hypocrisie des Chevaliers teutoniques les ont éloignés de la foi :

"N'importe qui, en effet, une fois dépouillé de ses biens et forcé par la pauvreté, devient esclave du péché… celui qui n'a pas de quoi vivre vole les biens d'autrui, commet des homicides et est contraint de perpétrer d'autres mauvaises actions. Pour une telle personne, il serait plus prudent de persister dans l'erreur des païens, plutôt que d'accomplir de telles actions, et d'autres mauvaises choses odieuses à Dieu, sous la couleur de la religion catholique".[129]

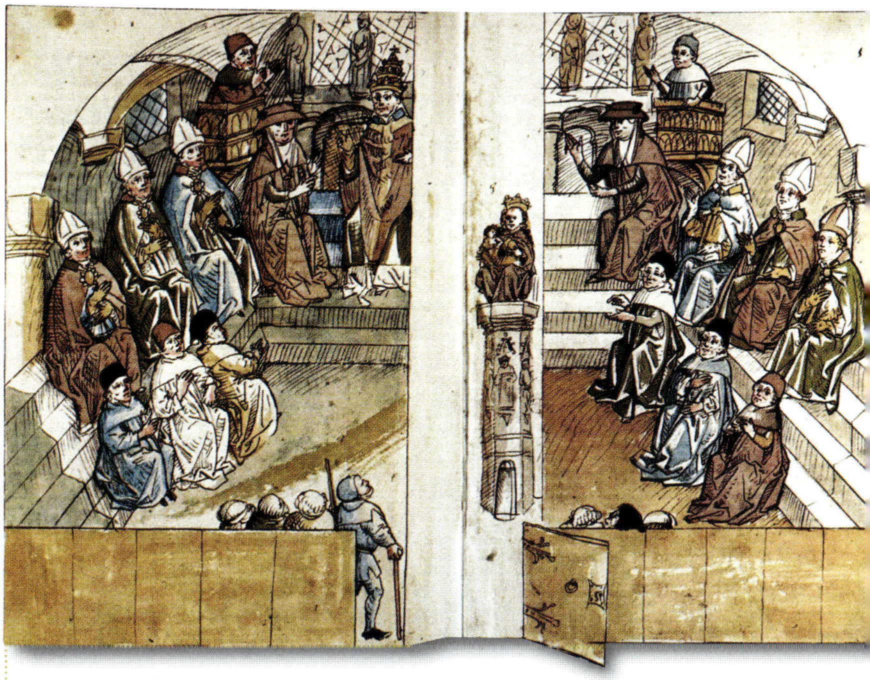

Les pères conciliaires réunis dans la cathédrale de Constance, en compagnie de **Jean XXIII**, pape reconnu par le concile jusqu'en 1415. Illustration de la *Chronique du concile de Constance* d'**Ulrich Richental**. (photo Rosgartenmuseum, Constance.)

[127] E. Christiansen, *Northern Crusades*, p.223-224 ; N. Housley, *Later Crusades*, p.358-359.

[128] P. Kras, *"The Conversion of Pagans and Concept of Ius Gentium in the Writings of Cracow Professors in the First Half of the Fifteenth Century: An Overview"*, *Baznycios Istorijos Studijos – Studies in Church History* n°6, 2013, p.23-53 ; D. Baronas, S. C. Rowell, *Conversion of Lithuania* ; L. Chollet, "D'une cohabitation à l'autre : controverses autour des Chevaliers teutoniques et de la Samogitie, dernière province païenne d'Europe (1398-1417)", *in* C. Maurer, C. Vincent (dir.), *La coexistence confessionnelle en France et en Europe Germanique et Orientale du Moyen Âge à nos jours*, Lyon, 2015, p.191-205.

[129] *Codex Mednicensis Seu Samogitae Diocensis*, éd. Paulius Iatulis, Rome, 1984, p.6-7.

Albrecht Dürer, Sigismond de Luxembourg, roi de Hongrie, en tenue impériale (env. 1510-1513). À l'époque du Concile de Constance, Sigismond n'est « que » roi des Romains – c'est-à-dire qu'il a été élu empereur, mais n'a pas encore été couronné. Il le sera en 1433. Quel que soit son titre exact, l'ambitieux roi de Hongrie agit déjà en chef de la chrétienté (photo Yelkrokoyade, Musée national hongrois de Budapest.)

La Samogitie, dernière province balte païenne disputée entre l'Ordre teutonique et la Pologne, est baptisée en 1417. Les délégués polonais et samogitiens ont convaincu le Concile de confier l'évangélisation de cette stratégique région côtière à l'Église polonaise (photo Loïc Chollet, région de Neringa.)

Les Teutoniques apostolates par **Wojciech Kossak** (1856–1942). (photo *Wikimedia Commons.*)

Comme l'écrivait déjà le savant anglais Roger Bacon, puis le grand-duc lituanien **Gediminas**, la dureté des Teutoniques, et en particulier leur soif de terres et de pouvoir, rendrait le christianisme odieux aux natifs de la Baltique. Le propos est bien de disqualifier les maîtres de Marienburg, afin d'empêcher qu'ils n'obtiennent du soutien auprès des princes d'Europe pour recommencer une nouvelle guerre. **Peter Wormditt**, le procureur de l'Ordre, ne s'y trompe pas, lui qui écrit au grand-maître que ce discours a été composé à l'injonction de Vytautas. L'on parle aussi de riches cadeaux distribués par les ambassadeurs samogitiens, ce qui n'est nullement une exception dans une Église où la corruption était monnaie courante : les Teutoniques eux-mêmes y eurent largement recours, mais en 1416, ils sont nettement moins riches que leurs adversaires. Les mercenaires engagés par **Plauen** ont vidé les caisses, et son successeur est forcé d'envoyer ses délégués à Constance les mains vides. Ce qui est très pénalisant pour ce genre de diplomatie.

En outre, le discours des Samogitiens rapporte, non sans détails, toutes sortes d'histoires glaçantes censées montrer le vrai visage des Chevaliers teutoniques, bien loin de l'image idéalisée des pieux défenseurs de la foi que l'on connaissait ailleurs en Europe. Composé comme une sorte de reportage, le texte liste plusieurs crimes attribués aux Teutoniques et à leurs auxiliaires prussiens : incendies d'églises, massacres, déportations et pillages. L'on parle aussi de pères brûlés vifs pour ne pas avoir donné leurs fils en otages, et de filles violées par des moines-soldats dévoyés. Ainsi, l'histoire tragique de cette famille :

"*Un homme, parmi les plus puissants barons de notre terre, nommé Kircutis, ayant une fille très belle, fut privé avec violence de sa fille par ces frères* [les Teutoniques]. *Son fils, le frère de cette vierge, ne pouvant plus supporter de tels abus, tua, ce qui est bien connu, l'un de ces frères qui violait sa sœur, en le transperçant de son épée*".[130]

Les Samogitiens ne sauraient recevoir le christianisme d'aussi mauvais pasteurs. Aussi, demandent-ils d'être baptisés par l'archevêque de Lviv et l'évêque de Vilnius, tous deux des proches de la couronne polonaise. Une opinion à laquelle se range le concile, en dépit des récriminations des envoyés teutoniques. À l'été 1417, les prélats choisis par les Samogitiens (et ceux qui manœuvrent en coulisse) se rendent en Samogitie pour y baptiser la population et jeter les fondations d'un évêché. Un certain **Matthias**, probablement un Allemand locuteur du dialecte local, est nommé évêque de Samogitie. Sa tâche n'est pas très difficile, puisque ses ouailles ont, semble-t-il, largement abandonné les pratiques de leurs ancêtres avant même d'être officiellement baptisés. Comme le notait joliment Ernest Lavisse : « *ce temps était venu où les dieux s'en vont tout seuls* »[131].

Pour les Chevaliers teutoniques, le coup est fatal. Le dernier bastion du paganisme, qui leur servait à justifier leur rôle dans la Baltique, est officiellement évangélisé. À quoi donc vont servir leurs châteaux, leurs milices surentraînées, leurs privilèges obtenus deux siècles plus tôt ? À Cracovie, l'on a décidé que l'Ordre devait être évincé du territoire balte, et si possible dissous. Une deuxième attaque est portée par le juriste polonais **Pawel Wlodkowic** (Paul Vladimir), recteur de l'Université de Cracovie[132]. L'homme délivre deux discours à l'été 1416, dans lesquels il démontre l'illégalité des privilèges octroyés au XIIIe siècle par **Frédéric II** et **Grégoire IX**. Citant les Écritures ainsi que les grands légistes catholiques (**Thomas d'Aquin** et le pape **Innocent IV** notamment), il démontre que tous les êtres humains ont des droits, y compris les infidèles ; car *"Dieu fait se lever le soleil non seulement sur les bons mais aussi sur les méchants"*[133]. C'est la clef de voûte de son argumentaire. Si les non-chrétiens ont des droits, il est légitime de leur venir en aide, ce qui justifie le fait que les catholiques polonais aient combattu aux côtés de soldats païens, musulmans et orthodoxes lors de la bataille de Tannenberg. De même, l'on ne saurait agresser ses voisins sans cause, même si ceux-ci sont infidèles. Pour Wlodkowic, la guerre se réduit pour l'essentiel à la légitime défense. Les rèses, ces expéditions attirant au XIVe siècle des chevaliers de toute l'Europe désireux de croiser le fer avec les Lituaniens, sont donc totalement illégales :

Le grand-duc Vytautas de Lituanie se présente comme un chrétien zélé, soucieux d'étendre la foi catholique aux quatre coins de ses possessions. Manœuvrier hors-pair, il parle le langage de ses partenaires occidentaux tout en se montrant d'une tolérance toute pragmatique vis-à-vis des minorités religieuses en Lituanie. Portrait anonyme. (photo Loïc Chollet, château de Trakai.)

Le Collegium Maius, à l'Université de Cracovie, fondée par Casimir le Grand en 1364 et restaurée par Jagellon, en 1400. Les juristes en poste à l'Université travaillent avec le pouvoir royal et l'Église polonaise pour développer des arguments à même de contrer l'Ordre teutonique. (photo Allie Caulfield.)

[130] *Idem.*

[131] E. Lavisse, *Études sur l'histoire de la Prusse*, Paris, 1879, p.185. Pour une étude récente, D. Baronas, S. C. Rowell, *Conversion of Lithuania.*

[132] *Ibid.*, p.347-353 ; P. Kras, *"Conversion"*, p.31-38 ; P. Knoll, *"A Pearl of Powerful Learning": The University of Cracow in the Fifteenth Century*, Leiden, 2016, p.234-244.

[133] S. Belch, *Paulus Vladimiri and his doctrine concerning international law and politics*, 2 vol., Londres-La Haye-Paris, 1965, p.800.

Le sceau de Ladislas Jagellon, roi de Pologne et prince suprême de Lituanie. (photo archives de l'Universite jagellonienne, Cracovie.)

Les remparts de Biecz, ville de Pologne du Sud où se réunirent **Jagellon** et ses conseillers pour préparer la défense juridique face à l'Ordre teutonique. (photo Mik Krakow.)

"[Les Teutoniques] *se font presque une règle d'envahir avec une grande armée deux fois l'an les régions païennes à deux moments, l'Assomption et la Purification de la glorieuse Vierge Marie; ces occasions, ils les appellent vulgairement des rèses. C'est ainsi qu'une erreur se transforme en coutume: les fidèles du Christ, pour combattre en troupe, croyant faire preuve de zèle envers Dieu, se réunissant en foule pour étendre la foi catholique, attaquent durement le peuple tranquille des païens. S'ensuivent des homicides, et les fidèles s'avancent avec les infidèles dans le même danger de damnation*".[134]

Dans ses discours suivants, Pawel Wlodkowic va plus loin, accusant les Teutoniques de dissimulation, car ils cacheraient sous leur manteau blanc à la croix noire des passions tout ce qu'il y a de moins chrétiennes: soif de domination, envie, orgueil. Considérant que l'Ordre teutonique a été fondé en tant qu'institution hospitalière – ce qui indique qu'il connaissait bien l'histoire de ses adversaires ! – le juriste en déduit que les Chevaliers ont trahi leur mission et mentent pour accomplir leurs sombres desseins. Qualifiant l'Ordre d'hérétique, il demande sa dissolution, et réclame que les frères qui déposeraient leurs manteaux soient intégrés à la vie civile ou rejoignent d'autres institutions moins sulfureuses.

La dureté de ses propos, qui augmente avec chaque discours, s'explique par la découverte d'un pamphlet composé autour de 1412 par un dominicain du nom , l'un des défenseurs de l'Ordre teutonique[135]. Dans la *Satira contra haereses et cetera nefanda Polonorum et eorum regis Iyageyel* (*Satire contre les hérésies et d'autres maux des Polonais et de leur roi Jagellon*), celui-ci accuse d'hérésie non seulement Jagellon en personne, mais encore l'ensemble des Polonais. Ce que souhaite Falkenberg, ce n'est rien de moins que lancer une croisade contre la Pologne, devant aboutir à l'extermination de la noblesse et à la mise à mort du roi ! Wlodkowic et ses collègues de la délégation polonaise vont tout faire pour faire condamner ce texte, qui n'est au fond qu'une radicalisation des idées défendues par les Teutoniques depuis 1387.

Le concile évite de se prononcer trop clairement en faveur d'un camp ou de l'autre. La *Satira* de Falkenberg est condamnée comme scandaleuse, mais pas comme hérétique. Son auteur est toutefois emprisonné, et les Teutoniques le laissent prudemment tomber. Il faut dire que l'homme n'est pas à proprement parler leur porte-parole, mais plutôt un aventurier, qui avait auparavant vécu en Pologne et s'était brouillé avec de puissants soutiens du roi Jagellon. Plein de rancune, il avait simplement vendu son texte au grand-maître, avec d'autres libelles anti-polonais. Une fois les ennuis venus pour le dominicain, ses protecteurs s'en détournent pour ne pas faire le jeu de Wlodkowic. Le chroniqueur **Jan Dlugosz** raconte qu'après sa libération des geôles conciliaires, Falkenberg aurait réclamé son salaire au grand-maître, qui refusa de le payer: furieux, il aurait alors composé un traité encore plus haineux, et dirigé cette fois-ci... contre l'Ordre teutonique !

Somme toute, la position des Teutoniques est inconfortable, mais pas catastrophique. D'une part, les accusations d'hérésies lancées par les Polonais sont pour le moins douteuses, et d'autre part, l'Ordre garde des soutiens au sein de l'Église. **Martin V**, le pape finalement élu par le concile – et enfin reconnu par tous les catholiques – a une certaine sympathie pour ces moines-soldats, traditionnellement fidèles au Saint-Siège. S'il se garde

[134] *Ibid.*, p.792-793.
[135] H. Boockmann, *Johannes Falkenberg, der Deutsche Orden und die polnische Politik*, Göttingen, 1975.

Le château royal de Wawel, à Cracovie.
Née d'une concertation entre les élites politiques, intellectuelles et religieuses de Pologne et de Lituanie, l'opération de communication polono-lituanienne au concile de Constance marque la fin définitive de la croisade balte. C'est un coup dur pour l'Ordre teutonique (photo Loïc Chollet.)

Le 6 juillet 1415, le réformateur tchèque Jean Hus est brûlé vif à Constance, condamné comme fauteur d'hérésie. En Bohême, ses partisans se soulèvent contre les représentants de l'Église catholique. Le pape Martin V répond en proclamant la croisade. C'est le début des guerres hussites. Illustration de Diebold Schilling le Vieux, *Chronique de Spiez* (1485) (photo *Wikimedia Commons.*)

bien de leur donner raison en lançant une nouvelle croisade contre la Pologne et la Lituanie, il fait la sourde oreille aux récriminations de Pawel Wlodkowic et de ses acolytes. L'Ordre teutonique en tant qu'institution n'est donc pas inquiété, mais la croisade balte est bel et bien terminée.

Dans les années qui ont immédiatement suivi le baptême de Vilnius en 1387, de nombreux chevaliers continuaient d'affluer en Prusse pour participer au combat de l'Ordre teutonique. Puis, peu à peu, la nouvelle concernant l'évangélisation du grand-duché s'est répandue parmi les différentes cours d'Europe. Mais si l'on savait qu'une partie des Lituaniens étaient en passe d'être convertis, l'Ordre pouvait brandir l'exception samogitienne pour faire valoir que la croisade avait toujours un sens. La confusion entre Samogitiens et Lituaniens explique qu'un certain nombre de chevaliers français, allemands ou anglais aient continué de seconder l'Ordre dans ses entreprises guerrières. Mais une fois le baptême des Samogitiens réclamé à Constance devant les représentants de l'Église et de la noblesse, il devient clair pour tous qu'il n'y a plus de « *Sarrasins* » à combattre en Europe du Nord. Or, pour un chevalier désireux de dorer son blason, il n'y a aucun honneur à porter le fer contre de nouveaux convertis – au contraire ! Plus que les armes polono-lituaniennes à Tannenberg ou les subtils arguments du recteur Wlodkowic, c'est la mise en scène de l'ambassade samogitienne qui a achevé d'isoler diplomatiquement l'Ordre teutonique.

L'impossible reconversion

L'Ordre des Chevaliers teutoniques reste néanmoins l'une des principales institutions liées à la croisade et, peu après la fin du concile, plusieurs voix s'élèvent pour demander sa participation aux guerres contre les Turcs ottomans et les hussites. Ces derniers sont les partisans du réformateur tchèque **Jean Hus**, condamné pour hérésie et brûlé vif lors du concile de Constance (1415). **Sigismond de Hongrie**, en particulier, caresse l'idée d'utiliser les ressources et le savoir-faire teutoniques contre ses ennemis, sous couleur de croisade. Le grand-maître accepte d'envoyer quelques contingents contre les Turcs et les hussites, mais il fait chèrement payer son soutien[136].

La bataille de Kratzau, en 1428, est l'une des rares victoires des croisés contre les hussites. L'on peut voir ici une représentation du *Wagenburg*, le char de guerre utilisé par les Tchèques. *Le Livre de l'empereur Sigismond*, Eberhard Windeck. (photo Sotheby, Ms 7.7.2009, fol. 140r.)

La querelle territoriale entre Teutoniques, Polonais et Lituaniens n'est en effet toujours pas résolue. En particulier, Jagellon et Vytautas ne peuvent se faire à l'idée qu'à leur mort, la Samogitie doive retourner à l'Ordre, comme le stipule les clauses de la paix de Thorn, signée après la bataille de Tannenberg (1411). En 1420, l'on demande un nouvel arbitrage au roi de Hongrie, qui, dans le but d'obtenir l'aide des Teutoniques dans ses propres affaires, confirme les dispositions de la paix de Thorn. Pour les souverains de Pologne et de Lituanie, c'est inacceptable. Ils en appellent au pape Martin V, en vain. À nouveau, les armes parleront.

En échange du soutien affiché par Sigismond, les Teutoniques se préparent pour participer à une croisade proclamée contre les hussites. Ces hérétiques tchèques sont loin d'être pacifistes : la faction la plus radicale s'est même organisée en une communauté militaire, dont le chef, **Jean Zizka**, est un ancien mercenaire ayant combattu dans le camp polono-lituanien à Tannenberg. Voilà, devait penser Sigismond, un ennemi digne des Chevaliers teutoniques… Mais c'est encore une fois les Lituaniens et les Polonais qui donneront le plus de fil à retordre à ces derniers. À peine la croisade contre les hussites est-elle lancée que Vytautas, secondé par Jagellon, engage une nouvelle invasion de la Prusse !

En mars 1422, le grand-maître **Michael Küchmeister von Sternberg** démissionne. Il est remplacé par **Paul von Russdorf**, qui à court d'argent, doit licencier quasiment tous ses mercenaires. Les Teutoniques ne peuvent compter que sur leurs propres forces pour défendre la Prusse. L'une après l'autre, les villes fortifiées tombent aux mains des Lituaniens et des Polonais. Lorsque le château de Gollub est capturé en août 1422, l'on décide de négocier. Cette fois-ci, l'Ordre doit abandonner toute prétention sur la Samogitie, qui par le traité du Lac Melno (27 septembre 1422) devient définitivement lituanienne. Jagellon et Vytautas ont enfin gagné leur pari. À quelques modifications près, la frontière entre la Prusse et la Lituanie ne changera pas jusqu'au Traité de Versailles, en 1919.

Le château de Gollub, fondé par les Teutoniques en 1295, pris par les Polonais et les Lituaniens en 1422. (photo bumer1.)

L'hérésie hussite

Universitaire et prédicateur pragois, **Jean Hus** plaide au début du XVe siècle pour un retour de l'Église à la pauvreté apostolique. Ses prêches rencontrent un grand succès auprès de la population et de la noblesse tchèque. Sommé de venir s'expliquer devant le concile de Constance, il obtient un sauf-conduit du roi des Romains, **Sigismond de Hongrie**, et pense donc pouvoir défendre ses idées sans risquer la mort. Une fois sur place, il est pourtant accusé d'hérésie par les prélats qui examinent sa doctrine. Refusant de se rétracter, il est déclaré hérétique et brûlé vif, le 6 juillet 1415. Sa mort provoque de violents troubles en Bohême, où s'opposent partisans et adversaires du prédicateur. En 1419, le roi **Venceslas** décède et son héritier, Sigismond de Hongrie, entend remettre au pas son nouveau royaume. L'année suivante, le pape **Martin V** proclame la croisade. Plusieurs expéditions se suivent jusqu'en 1431, sans succès. Les armes à la main, les hussites arrachent une certaine tolérance à l'Église catholique, qui se résout durant quelques décennies à voir perdurer une communauté hussite en Bohême.

La lutte contre les païens de la Baltique devenant impossible à la suite de la conversion de la **Samogitie**, le grand-maître Michael Küchmeister von Sternerg doit redonner une direction à l'Ordre teutonique. *Porträtsammlung* (après 1684). (photo Bibliothèque nationale autrichienne, Bildarchiv Austria.)

[136] K. Toomaspoeg, *Histoire des Chevaliers teutoniques*, p.145-155 ; H. Bogdan, *Les Chevaliers teutoniques*, p.155-185.

Le lac de Melno, où fut signée la paix entre Polono-Lituaniens et Teutoniques. Battus, ces derniers renoncent définitivement à la Samogitie (photo Margoz.)

Paul de Russdorf, grand-maître de l'Ordre teutonique, conclut la paix avec **Ladislas "de Varna"**, roi de Pologne, et **Sigismond**, grand-duc de Lituanie, en 1435. (photo Zbiór Dokumentów Pergaminowych, sygn. 1011.)

Quelques années plus tard, l'Ordre teutonique engage des pourparlers avec le roi de Hongrie, qui propose aux Chevaliers de s'implanter à nouveau dans ce qui était leur première base européenne. Mais cette fois-ci, il ne s'agit pas d'édifier des châteaux défensifs en Transylvanie : l'idée est de donner un fief aux Teutoniques sur les rives du Danube, avec pour fonction de protéger la frontière hongroise contre les Turcs. Autrement dit, il s'agit d'un plan visant à déplacer l'Ordre teutonique – ce qui était déjà réclamé par bon nombre de princes européens, y compris les ducs païens **Algirdas** et **Kestutis** de Lituanie, en plein XIVe siècle. Entre 1429 et 1432, une colonie est fondée sur le modèle de ce qui avait été fait en Prusse, et les Teutoniques envoient des hommes et des navires pour garder le Danube. Mais ce qui aurait pu être une reconversion échoue devant la toute-puissance ottomane. Comme le note Kristjan Toomaspoeg, les Turcs du XVe ne sont pas les Prussiens du XIIIe siècle[137]…

Portrait imaginaire de Svitrigaila, prétendant au grand-duché de Lituanie et allié des Teutoniques. Dessin **P. Batyushkov**, *Belorussiya i Litva*, Saint-Petersbourg (1890), d'après **Alexandre Guagnini**, *Sarmatiae Europae descriptio* (v. 1578). (photo *Wikimedia Commons*.)

Devant l'échec de la nouvelle entreprise hongroise, les Teutoniques restent fermement centrés sur la Prusse et la Livonie. À la mort de Vytautas (27 octobre 1430), le grand-maître Paul von Russdorf se laisse entraîner dans une nouvelle guerre par un aventurier lituanien, le prince **Svitrigaila**[138]. Frère de Jagellon, celui-ci s'est fait élire grand-duc de Lituanie à la fin de l'année 1430 et entend détacher le grand-duché de l'union avec la Pologne – ce que Cracovie ne peut accepter. Comme c'est souvent le cas dans l'Europe médiévale, une succession dynastique difficile plonge tout le pays dans la guerre civile. Partisans et adversaires de Svitrigaila s'affrontent en Lituanie, et lorsque les Teutoniques passent une alliance avec le prince rebelle, la guerre s'étend à la Prusse et à la Pologne.

En 1433, l'Ordre invite des mercenaires du Saint Empire, mais ceux-ci s'estiment trop peu payés pour risquer leur vie en batailles. À l'inverse, les Polonais ont fait appel à des mercenaires tchèques d'obédience hussite, qui tiennent toute l'Europe en respect. Entraînés par Jean Zizka et d'autres talentueux chefs de guerre, ces soldats ont développé la tactique dite du *Wagenburg*, qui consiste à envoyer des chariots remplis d'hommes armés sur le champ de bataille ; les ennemis croient charger et se fracassent sur ces barrières imprenables.

Une fois entrés en Prusse, ces redoutables mercenaires terrorisent les campagnes, prennent les villes les unes après les autres, et menacent même Danzig[139]. Le 29 août, ils capturent Tczew puis se dirigent vers Oliwa, un monastère situé au bord de la Baltique. Le chroniqueur prussien **Conrad Bitschin** raconte que le chef du contingent hussite pénétra dans la mer, mis de l'eau dans sa bouteille en signe de victoire et s'exclama : *"Voyez, frères teutoniques ! Je vous déclare qu'étant arrivé ici, je ne peux pas avancer plus loin, mais seulement à cause de l'eau de la mer qui me fait obstacle"*.[140] C'est alors que les Polonais proposent une trêve à l'Ordre, ce que, dans un premier temps, Russdorf refuse. Devant la menace d'une nouvelle invasion, il finit par accepter le traité de Leczyca, en décembre 1433. Les Teutoniques jurent d'abandonner tout soutien à Svitrigaila, et laissent les terres conquises par les mercenaires tchèques à la Pologne.

L'accord ne concerne toutefois pas les forces teutoniques de Livonie, qui mènent traditionnellement une politique autonome. S'ils sont restés à l'écart des combats ayant ensanglanté la Prusse et la Pologne au début du XVe siècle, les frères de Livonie jouent un rôle important dans la guerre civile lituanienne. Ils soutiennent Svitrigaila contre **Sigismond Kestutaitis**, un frère de Vytautas qui a, lui, été élu grand-duc de Lituanie avec l'appui de la Pologne. Le 1er septembre 1435, les deux armées se rencontrent non loin d'Ukmerge, vers la rivière Sventoji. Alors que les troupes de Svitrigaila et du maître de Livonie tentent de traverser un cours d'eau, les partisans de Sigismond et leurs alliés polonais coupent l'armée ennemie en deux. La panique s'empare du prince rebelle et de ses hommes. Le maître de Livonie et son maréchal sont tués sur le champ de bataille ; quant à lui, Svitrigaila s'enfuit et trouve momentanément refuge à Vitebsk avant de rejoindre les confins orientaux du grand-duché. Affaibli, à court de partisans, il doit s'exiler dans la Moldavie voisine. L'Ordre, quant à lui, reconnaît une fois de plus sa défaite par la paix de Bresc Kujawski, le 31 décembre 1435. Plus jamais, les Chevaliers teutoniques n'essaieront de s'immiscer dans les affaires polonaises ou lituaniennes. Dans la seconde moitié du XVe siècle, ils devront âprement défendre leurs propres possessions.

La rébellion prussienne

Les mésaventures de l'Ordre teutonique en Pologne et en Lituanie ont de graves répercussions sur sa situation interne. En particulier, la Prusse donne des signes très inquiétants[141]. Dans les années ayant suivi Tannenberg, les velléités propolonaises des villes et de la noblesse avaient été étouffées par la poigne du grand-maître Henri de Plauen. Mais le calme n'était revenu qu'en apparence : durant tout le XVe siècle, les Chevaliers restent haïs par une partie importante de la population. Loin d'essayer de temporiser, ceux-ci font peser une chape de plus en plus insupportable sur leurs sujets : les nobles et les marchands sont ouvertement méprisés et, afin de remonter leurs finances, les grands-maîtres pressurent les villes d'impôts, distribuent de lourdes amendes pour la moindre faute de conduite – et gare aux non-nobles, pour lesquels les punitions sont bien plus sévères ! Une ordonnance promulguée à la fin du XVe siècle prévoit que les serfs fugitifs doivent être cloués au pilori par l'oreille, avec un couteau pour qu'ils se mutilent eux-mêmes afin de se libérer[142]…

À la fin du Moyen Âge, la situation des non-nobles se dégrade partout en Europe orientale, et la Pologne ou la Lituanie sont loin de faire exception. La particularité de la Prusse, c'est que deux légitimités s'affrontent au sein des élites dirigeantes. Depuis la fin de la croisade balte, l'Ordre s'est lancé dans une fuite en avant autoritaire et se heurte au sentiment national prussien, qui n'a cessé de se développer parmi la noblesse et les élites urbaines. Les états de Prusse, c'est-à-dire les représentants de ces deux catégories sociales, entendent défendre les droits que les Teutoniques avaient accordé à leurs ancêtres, et qui sont de moins en moins respectés. Parmi d'autres exemples, le chroniqueur, surnommé le chartreux de Paradis, rapporte cette réponse cinglante d'un officier de l'Ordre à ses sujets : *"qu'est-ce que c'est que ce droit de Culm ? C'est nous, votre droit !"*[143] Les humiliations infligées par les Teutoniques sont d'autant moins acceptées que les nobles et les patriciens natifs de Prusse se considèrent comme les maîtres légitimes de la terre qui les a vu naître.

L'horloge astronomique de Danzig, l'une des plus importantes du Moyen Âge tardif. Construite par Hans Düringer, elle est achevée en 1470. (photo Loïc Chollet.)

La maison de Perkunas, à Kaunas (fin XVe siècle). Cette demeure, tardivement surnommée d'après un dieu balte, appartenait à la Ligue hanséatique. Par-delà leurs appartenances politiques, les villes lituaniennes, prussiennes et livoniennes étaient réunies par des intérêts communs. (photo Loïc Chollet.)

[137] K. Toomaspoeg, *Histoire*, p.152.
[138] Kiaupa *et al.*, *History of Lithuania before 1795*, p.204-211.
[139] T. Fudge, *The Crusade against Heretics in Bohemia, 1418-1437*, Aldershot, 2002, p.359-368.
[140] *Scriptores Rerum Prussicarum*, vol. 3, p.499-503 ; trad. T. Fudge, *Crusade against Heretics*, p 360.
[141] Sur ce qui suit, S. Gouguenheim, *Les Chevaliers teutoniques*, p.537-558 ; M. Burleigh, *Prussian society and the German Order*.
[142] N. Housley, *Later crusades*, p.367.
[143] *Scriptores Rerum Prussicarum*, vol. 4, p.458 ; trad. S. Gouguenheim, *Les Chevaliers teutoniques*, p.551.

Armoiries figurant dans la commanderie de Beuggen, près de Rheinfelden (entre 1428-1238). (De gauche à droite): l'Ordre teutonique, le commandeur provincial **Louis de Landsee**, et le commandeur **Burkhard de Schellenberg**. (photo *Wikimedia Commons*.)

Jusqu'à Tannenberg environ, des Prussiens pouvaient rejoindre l'Ordre et donc prendre une part importante dans la direction de leur pays mais, dans la première moitié du XVe siècle, les offices ont été progressivement bloqués au profit des seuls frères nés en Allemagne. Après la fin de la croisade balte, l'Ordre teutonique reste considéré en Europe de l'Ouest comme une corporation aristocratique honorable, si ce n'est comme le glorieux défenseur de la chrétienté. Nombreux sont les cadets de grandes familles allemandes ou les petits nobles appauvris qui prennent le manteau blanc frappé de la croix noire, et sont ainsi assurés de devenir de grands seigneurs en Prusse. Si l'Ordre joue toujours son rôle d'ascenseur social pour les natifs du Saint Empire, les Prussiens ne supportent plus d'être sous le joug de cet «*hôpital de la noblesse allemande*»[144]. D'autant plus que, de l'autre côté de la frontière, en Pologne et en Lituanie, les nobles jouissent de droits exceptionnellement larges.

Les changements dynastiques survenus en Pologne après la mort de **Casimir le Grand** (1370) ont permis l'émergence politique d'une noblesse numériquement très importante. Les magnats, qui tiennent le pouvoir effectif, entraînent derrière eux toute une clientèle de chevaliers, de petits nobles et de paysans libres qui avaient le droit de porter les armes. Or, pour se faire accepter, chaque nouveau roi devait donner de nouveaux privilèges à cette tumultueuse noblesse,

[144] R. Wenskus, *"Das Ordensland Preußen als Territorialstaat des 14. Jahrhundert"*, *in* H. Patze (dir.), *Der deutsche Territorialstaat im 14. Jahrhundert*, Sigmaringen, 1970, vol.1, p.347-382.

[145] Sur la noblesse polonaise, J. Moreau-Reibel, "Un Tournant de la pensée politique en Pologne (XVe-XVIe siècles), Essai d'interprétation comparative", dans *Revue Internationale d'Histoire Politique et Constitutionelle*. Nouvelle Série, n°19-20, Paris, 1955, p.225-235

[146] S. Gouguenheim, *Les Chevaliers teutoniques*, p.546 ; L. Chollet, "Paul Vladimir et le *Ius Gentium* polonais: un droit de résistance au début du XVe siècle ?", *Mémoires de la Société pour l'histoire du droit et des institutions des anciens pays bourguignons, comtois et romands* n°69, Dijon, 2012, p.43-67.

Le château de Mir (act. Biélorussie), construit au début du XVIe s. par le duc **Jerzy Iwanowicz Ilinicz**, témoigne de la magnificence des princes polono-lituaniens. (photo Lukasz Katlewa.)

Un Chevalier teutonique à la fin du Moyen Âge : Hans Albrecht von Mülinen, patricien bernois et commandeur de Hitzkirch, agenouillé devant sainte Elisabeth. Dessin d'après un vitrail de l'église de Sumiswlad (1512) (photo Loïc Chollet, Musée d'histoire de Berne.)

appelée *szlachta* : Jagellon lui-même n'y a pas échappé. Très fiers de leur statut, les nobles polonais entendent non seulement prendre part au gouvernement du royaume, mais ils exigent aussi que leurs droits personnels soient respectés. Ce modèle s'étend progressivement à la Lituanie, où de nombreux chefs de famille avaient été reconnus comme égaux des nobles polonais après l'acceptation du christianisme[145].

La très enviable situation de la noblesse peut profiter à Cracovie en ce qui concerne la longue rivalité entre le roi et l'Ordre teutonique. Depuis le début du XVe siècle, nombreux sont les Prussiens qui regardent avec envie la liberté aristocratique polonaise ; s'ils peuvent espérer des droits similaires, les nombreux mécontents seront des alliés sûrs lors d'une nouvelle confrontation. Peut-être dans le but d'accélérer la montée en puissance des états prussiens, les négociateurs polonais à Melno (1422) et Brzesc (1435) ont confié le rôle d'observateurs aux sujets nobles de l'Ordre teutonique. Conformément aux idées développées par les juristes de Cracovie – et déjà présentées par Pawel Wlodkowic devant le concile de Constance – les sujets ont une responsabilité dans le gouvernement de leurs pays, et si celui-ci mène des actions injustes, ils ont le devoir de le corriger, éventuellement de le renverser. En assurant ainsi un droit de résistance aux villes et aux nobles de Prusse, les Polonais enfoncent un coin supplémentaire dans l'édifice déjà tremblant de l'Ordre teutonique[146].

Baselard suisse, XIVe siècle. (photo Damien Bouet, Royal Armories, Leeds.)

Sous pression et malade, le grand-maître Paul de Russdorf démissionne de son office en 1440. *Porträtsammlung* (après 1684). (photo Bildarchiv Austria.)

Le Guerre de Treize ans

Au début de l'année 1440, les nobles et les grandes villes de Prusse forment une Union (*Bund* en allemand) ayant pour but la défense mutuelle face aux injustices qui pourraient être commises par les officiers de l'Ordre[147]. Le 14 mars, le grand-maître **Paul von Russdorf** est contraint de reconnaître la légalité de cette puissante organisation. L'année suivante, il démissionne et laisse à son successeur, **Conrad von Erlichshausen**, le soin de traiter avec ces sujets de plus en plus récalcitrants. Lors de son élection, les représentants de l'Union ne jurent fidélité qu'au grand-maître en tant que personne et non à l'Ordre en tant qu'institution : le pouvoir des commandeurs locaux est directement défié. Le nouveau grand-maître adopte une politique de compromis, ce qui permet à l'Ordre de survivre une dizaine d'années. Son neveu **Louis**, qui lui succède en 1450, n'a pas la même sagesse. Avec l'appui des évêques de Prusse (tous des membres de l'Ordre), il déclare l'Union illégale, et réclame sa dissolution auprès du pape et de l'empereur. Les villes répliquent en achetant de faux privilèges censés confirmer leurs droits, ce qui est une pratique habituelle lors des querelles juridiques dans l'Europe médiévale. Chaque camp rivalise de corruption pour faire plier la justice pontificale et impériale. Finalement, le 1er décembre 1453, l'empereur **Frédéric III de Habsbourg** déclare l'Union hors-la-loi : l'Ordre avait payé le plus cher. Loin de s'en émouvoir, les états entrent en rébellion ouverte, non sans avoir auparavant fait savoir au grand-maître qu'ils ne reconnaissaient plus son pouvoir, parce que celui-ci aurait violé les clauses de la paix de Brzesc… Le droit de résistance soigneusement mis en avant par les juristes polonais sert de *casus belli*. L'Union s'empare rapidement des principaux points stratégiques, pendant que des troupes polonaises pénètrent en Prusse. Le 6 mars 1454, les rebelles prussiens font allégeance au roi de Pologne, **Casimir IV Jagellon**. Personne alors ne se doute que cet événement provoquera une guerre qui allait durer treize ans…

Comprenant qu'il n'a pas de temps à perdre, le grand-maître met en gage la Nouvelle-Marche (*Neumark*), un territoire situé entre la Prusse et l'Empire, auprès du margrave de Brandebourg. La somme ainsi obtenue lui permet d'engager une immense armée de mercenaires, et de resserrer les liens politiques avec les partenaires traditionnels de l'Ordre. Renforcés par leurs mercenaires et leurs alliés, les Teutoniques ont raison de la chevalerie polonaise devant Konitz, alors assiégée par le roi Casimir (18 septembre 1454). Ce dernier comprend que des guerriers professionnels valent beaucoup mieux que la traditionnelle levée en masse des sujets nobles, peu motivés à l'idée de se battre loin de chez eux et toujours prompts à réclamer de nouveaux privilèges. Or, l'argent vient à manquer, et Casimir, qui est aussi grand-duc de Lituanie, fait face à la réticence d'une partie de la noblesse lituanienne. Les affaires de Prusse doivent attendre, ce qui permet à l'Ordre de renforcer son réseau d'alliance. Le roi de Danemark **Christian Ier** rejoint la coalition anti-polonaise, tout comme le puissant duc de Bourgogne **Philippe le Bon**, dont le père et le grand-père

Coucher de soleil sur Danzig, Pologne. (photo Loïc Chollet.)

[147] Sur ce qui suit, S. Gouguenheim, *Les Chevaliers teutoniques*, p.544-558.

L'acte par lequel les représentants de l'Union font allégeance au royaume de Pologne, le 15 avril 1454. (photo Zbiór Dokumentów Pergaminowych, sygn. 1148, Varsovie.)

étaient de solides alliés de Marienburg. Pendant quelques années, la fortune militaire penche du côté des Teutoniques. Or, il arrive un moment où le grand-maître n'a plus les moyens de payer ses mercenaires. Forcé à la dernière extrémité, Ludwig von Erlichshausen propose de dédommager ces derniers en leur laissant en gage les forteresses qu'ils tiennent, avec la possibilité de les vendre au plus offrant. C'est une décision dramatique. **Zerwonka**, le commandant tchèque de la garnison tenant Marienburg, entre aussitôt en négociation avec le roi de Pologne. Comprenant qu'ils tiennent enfin la possibilité de chasser l'Ordre de Prusse, Casimir et ses alliés réunissent l'énorme somme de 436 000 florins de Hongrie et achètent la capitale de l'Ordre et d'autres places fortes tenues au nom des Teutoniques.

Portrait de Philippe le Bon, par Rogier van der Weyden, vers 1450. (photo Musée des Beaux-Arts de Dijon.)

La bataille de Konitz, en 1454, est une victoire pour les Teutoniques et leurs alliés, peintre anonyme (photo Wisielec.)

Paul de Legensdorf, prince-évêque de **Warmie**, se range aux côtés de la Pologne en 1466. L'édifice étatique de l'Ordre teutonique s'écroule. (photo Erik Lernestal, château de Skokloster.)

La Seconde Paix de Thorn, signée le 9 octobre 1466, met fin à la Guerre de Treize Ans. L'Ordre abandonne l'essentiel de ses possessions prussiennes et reconnaît la suzeraineté du roi de Pologne, **Casimir IV Jagellon.** (photo Dziedzictwo Polska.)

[148] Sur cette anecdote, H. Bogdan, *Les Chevaliers teutoniques*, p.178-180.

L'accord est conclu au mois d'août 1456. Pendant tout le temps que durent les négociations, le grand-maître et ses Chevaliers sont à la merci de Zerwonka et de ses soudards, parmi lesquels beaucoup d'anciens hussites. C'est dire que les membres de l'Ordre teutonique, communauté ecclésiastique fidèle à la Papauté, étaient alors dans une situation compliquée.[148]

Réfugié à Königsberg, Erlichshausen reprend l'offensive. En août 1457, une flotte réunissant des vaisseaux livoniens et danois est détruite par trois navires battant le pavillon de Danzig, mais une bonne nouvelle parvient néanmoins au grand-maître : le 28 septembre, la ville de Marienburg, sise aux pieds de la forteresse, retombe aux mains des Teutoniques. Le soulage-

La bataille navale du lagon de la Vistule, en 1463, représente une grave défaite pour les Chevaliers teutoniques, peinture d'**Henryk Baranowski**. (photo Wisielec.97.)

ment n'est toutefois que momentané puisque, trois ans plus tard, les troupes polonaises reprennent l'ensemble de l'ancienne capitale. La bataille décisive a lieu en septembre 1463, lorsqu'une flotte au pavillon de l'Ordre tente de libérer le château de Mewe, assiégé par les troupes polonaises. Le grand-maître Erlichshausen en personne mène l'expédition. Alertés, des navires de l'Union, venus de Danzig et d'Elbing, lui coupent la route. Piégés dans le lagon de la Vistule, les vaisseaux teutoniques sont tous coulés ou capturés. Il ne reste pratiquement rien de la marine de l'Ordre.

La guerre dure encore trois ans. Trois longues années pendant lesquelles les combattants, à bout de force, ne parviennent à rien de décisif. En 1466 toutefois, le prince-évêque de Warmie, **Paul Legensdorf**, rejoint les forces polonaises. L'État monastique des Chevaliers teutoniques s'effondre. Lorsque tombe la ville de Konitz, l'un des derniers bastions teutoniques de Prusse, le grand-maître demande d'ouvrir les négociations. Celles-ci sont placées sous l'autorité du pape, **Paul II**, qui envoie son légat. Le 19 octobre 1466, la seconde paix de Thorn est signée. Toute la partie occidentale de la Prusse passe à la couronne de Pologne : les riches villes de Danzig, Thorn, Culm, Elbing, et même Marienburg deviennent définitivement polonaises. L'Ordre teutonique ne garde que la région de Königsberg et celle de Marienwerder, laquelle forme une sorte d'enclave presque entièrement entourée de territoires passés à la Pologne. Qui plus est, le grand-maître doit prêter serment au roi Casimir, et devient ainsi son vassal.

L'imposante forteresse de Marienburg [ci-dessous] étant passée en mains polonaises, Königsberg (act. Kaliningrad, Russie) devient la capitale de l'Ordre. Ici, la cathédrale, reconstruite dans les années 1990. (photo Alexander Savin.)

Portugaleser (pièce de monnaie) frappée par Wolter de Plettenberg, maître de Livonie (1525) (photo Musée National, Varsovie.)

[149] K. Toompaspoeg, *Histoire*, p.150-152.

[150] Sur ce qui suit, *Ibid.*, p.157-159 ; H. Bogdan, *Les Chevaliers teutoniques*, p.182-185 ; S. Gouguenheim, *Les Chevaliers teutoniques*, p.558.

[151] K. Toomaspoeg, *Histoire*, p.158-160.

La perte de la Prusse et de la Livonie

Les branches allemande et livonienne de l'Ordre ne sont pas concernées par la deuxième paix de Thorn, que l'on ne leur a même pas demandé de ratifier. Alors qu'en terres d'Empire, les commanderies teutoniques continuent de recevoir les cadets de la noblesse, la Livonie fait face à une terrible menace venue de l'Est[149]. En 1481, trois ans après avoir soumis Novgorod, le grand-prince **Ivan III** de Moscou mène un raid en Livonie. Désunis, les Livoniens ne peuvent résister. En 1494, le souverain russe construit la forteresse d'Ivangorod, juste en face de la commanderie teutonique de Narva. Comprenant qu'une nouvelle invasion se prépare, le maître de Livonie **Walter von Plettenberg** parvient à unir l'Ordre, les villes, les seigneurs laïcs et les princes-évêques dans une grande coalition. En 1501, il attaque la Russie. L'année suivante, il écrase les troupes d'Ivan III près du lac Smolino et peut conclure une paix avantageuse. Pendant quelques décennies, la Livonie n'aura plus rien à craindre de son voisin oriental.

La fin de l'Ordre teutonique en tant que puissance territoriale est, néanmoins, toute proche. Au cours du siècle ayant suivi la conversion des derniers païens de la Baltique, l'Ordre a tant bien que mal sauvegardé sa place dans ses anciennes provinces. L'État monastique mis en place au XIIIe siècle a survécu au grand-duc de Lituanie, au roi de Pologne et au grand-prince de Moscou. Ce n'est qu'après une guerre féroce l'ayant opposé pendant plus d'une dizaine d'années à ses propres sujets et à un royaume polonais à son apogée que le grand-maître a abandonné l'emblématique forteresse de Marienburg. Toutefois, le coup de grâce ne viendra ni d'un prince rival, ni d'une rébellion interne. C'est une décision du grand-maître en personne qui privera l'Ordre teutonique de ses possessions de Prusse puis de Livonie.

Dans le but de consolider leur position, les frères de Prusse prennent la décision d'élire au magistrat suprême des princes allemands, **Frédéric de Saxe** puis **Albert de Brandebourg**, un rejeton de la puissante maison des Hohenzollern[150]. Ce dernier, élu en 1510, est un homme ambitieux : dans un premier temps, il tente de restaurer la puissance de l'Ordre en lançant une guerre contre la Pologne, entre 1519 et 1521. Sans succès. Il se tourne alors vers un certain **Martin Luther**, ancien moine ayant entrepris de réformer l'Église… Loin d'être marginal, le célèbre réformateur bénéficie de la protection du prince-électeur **Frédéric III de Saxe**. Il est écouté parmi la noblesse. En 1522, le grand-maître Albert se rend à Wittemberg, centre intellectuel de la Réforme. Convaincu par Luther, il abandonne sa fonction magistrale, invite ses Chevaliers à rompre leurs vœux et autorise des prédicateurs

réformés à prêcher en Prusse. Le 5 avril 1525, l'ancien grand-maître passe un traité avec le roi de Pologne, Sigismond Ier, qui lui octroie le titre de duc de Prusse en échange de l'hommage. Albert accepte officiellement la Réforme et se marie, suivi par une grande partie de ses hommes. Les possessions prussiennes de l'Ordre sont sécularisées, transformées en seigneuries héréditaires. La Prusse est désormais un duché laïc, possédé par **Albert de Hohenzollern** et ses héritiers, sous suzeraineté polonaise jusqu'en 1657, date à laquelle le duc de Prusse et margrave de Brandebourg **Friedrich von Hohenzollern** parvient à se détacher de la Pologne. Ses possessions formeront le cœur du futur royaume de Prusse, détenu par la même famille jusqu'à la fin de la Première Guerre mondiale.

Ceux qui, parmi les Chevaliers sont restés fidèles à l'Ordre teutonique et à la foi catholique, n'acceptent pas l'« apostasie » et la « trahison » du grand-maître. Réfugiés auprès de leurs frères d'Allemagne, ils tentent de récupérer les possessions prussiennes de l'Ordre par la voie juridique, mais sans aucun succès. D'autant plus que le maître de Livonie, **Gotthard Kettler**, ne tarde pas à prendre le même chemin qu'Albert von Hohenzollern[151]. À partir de 1548, les armées d'**Ivan IV le Terrible**, qui a pris le titre de tsar de Russie, menacent la Livonie. L'ensemble des forces politiques de la région essaient de faire front commun, mais ce n'est qu'avec l'intervention de la Pologne, de la Lituanie, du Danemark et de la Suède que l'autocrate russe recule, au terme d'une lutte longue et sanglante. Espérant sauver ce qui pouvait l'être de ses possessions, Kettler passe lui aussi à la Réforme luthérienne et se fait reconnaître comme duc de Courlande et Sémigallie, par le traité de Vilnius (28 novembre 1561). Les provinces du sud de la Livonie deviennent un État héréditaire vassal de la Lituanie, tenu par les descendants de Kettler. Le reste de la Livonie passe également sous suzeraineté polono-lituanienne avant d'être conquis par la Suède en 1621.

Lucas Cranach l'Ancien, portrait du Margrave Albert de Brandenburg-Ansbach, [1528], représentant l'ancien grand-maître teutonique devenu duc de Prusse. (photo Herzog Anton Ulrich Museum, Cranach Digital Archive.)

Le fleuve Narva [Jogi en estonien], avec le château de Narva [à gauche], et la citadelle russe d'Ivangorod [à droite]. Toujours actuellement, c'est ici que passe la frontière entre la Russie et l'Estonie (photo Aleksander Kaazik.)

Épilogue

Privés non seulement de la Prusse, mais aussi de la Livonie, les frères de l'Ordre teutonique voient certaines de leurs possessions allemandes saisies dans les principautés passées à la Réforme[152]. L'Ordre se restructure alors autour du maître d'Allemagne, devenu également grand-maître (il porte désormais le titre de *Hoch und Deutschmeister*). Le salut vient de la dynastie des Habsbourg, qui tient la couronne impériale depuis **Frédéric III** (m. 1493). L'on fait renaître le projet de confier à l'Ordre un territoire en Hongrie dans le cadre de la lutte contre les Turcs, mais sans que cela ne se concrétise. Néanmoins, les statuts rénovés en 1606 prévoient que les nouvelles recrues combattent sur le front turc pendant trois ans. Ainsi, les Teutoniques entendent montrer qu'ils remplissent toujours leur mission originelle. Mais contrairement à l'époque médiévale, ils ne sont plus le fer de lance de la lutte contre l'ennemi « infidèle » – tout au plus un prestigieux auxiliaire, ce qui n'empêche pas quelques frères d'avoir entretenu la réputation de l'Ordre en faisant preuve d'héroïsme tout au long du XVIIe siècle.

[152] Sur l'Ordre teutonique pendant la période moderne et contemporaine, D. Buschinger et M. Olivier, *Les Chevaliers teutoniques*, p.365-402 ; H. Bogdan, *Les Chevaliers teutoniques*, p.186-216.
[153] *Ibid.*, p.212-216 ; K. Toompaspoeg, *Histoire*, p.160-162.
[154] M. Tumler, *Der Deutsche Orden*.

La participation des Chevaliers teutoniques à la guerre contre l'Empire ottoman n'empêche pas le déclin progressif de leur corporation : très liée à la maison de Habsbourg, celle-ci se transforme progressivement en une institution honorifique. Affaibli, appauvri, ce représentant de l'ancien monde aristocratique est aboli par un décret de **Napoléon Bonaparte** en 1809. Restauré par l'empereur **François II d'Autriche** en 1834, l'Ordre entreprend un retour à sa toute première mission : assurer le bien-être des malades et des blessés. Un nouveau souffle est donné par un grand-maître énergique, l'archiduc **Guillaume de Habsbourg**, un ancien militaire ayant connu les horreurs de Sadowa et Solferino. Jusqu'à la Première Guerre mondiale, les frères teutoniques assistent les blessés de guerre partout où ils le peuvent, notamment dans les Balkans. Ce retour aux origines remporte l'adhésion d'une partie importante de la noblesse austro-hongroise, et permet aux Teutoniques de survivre à l'effondrement de l'empire habsbourgeois.

Transformé en un ordre purement religieux et caritatif en 1929, l'Ordre teutonique est une dernière fois mis à mal par le régime nazi, qui ordonne sa dissolution en 1938[153]. Pour **Hitler** et ses sbires, les aristocrates membres de l'Ordre teutoniques étaient susceptibles de nourrir des sympathies envers la dynastie honnie des Habsbourg, les Juifs et les Francs-Maçons. En conséquence, ils devaient être éliminés. Le grand-maître, ainsi que de nombreux frères, sont emprisonnés. Paradoxalement, **Heinrich Himmler**, piqué d'occultisme « nordique », tente à grand renfort de récupération de faire passer ses SS pour de nouveaux Chevaliers teutoniques. L'usurpation symbolique de l'Ordre par le Troisième Reich n'empêchera pas les « vrais » Teutoniques de retrouver leur place dans l'Autriche, l'Italie et l'Allemagne démocratique, puis en République Tchèque, Slovaquie et Slovénie.

Le siège de l'Ordre teutonique se trouve aujourd'hui à Vienne. Fidèle à leur toute première mission, ses membres se consacrent aux activités spirituelles, caritatives et hospitalières, mais aussi historiographiques. En 1955, le grand-maître **Marian Tumler** a signé une imposante histoire des Chevaliers teutoniques[154], et ses successeurs patronnent toujours la collection des *Quellen und Studien zur Geschichte des Deutschen Ordens*, dirigées actuellement par **Udo Arnold**. Réunissant les études de nombreux spécialistes de différentes origines, ces volumes permettent une rencontre entre travail académique et mémoire interne d'une institution à l'histoire quasiment millénaire.

La Mort et le Chevalier teutonique. Ce détail provient du vitrail la *danse macabre* de la cathédrale de **Berne**. L'artiste, en s'inspirant de la fresque de **Niklaus Manuel Deutsch** dans le couvent des dominicains à Berne, a représenté un Teutonique valeureux, ayant consacré sa vie à combattre « *les Turcs et les païens* ». Pour de nombreux Européens de l'Ouest, l'Ordre teutonique reste lié à la lutte contre les non-chrétiens, même après la fin de la croisade balte. (photo Damien Bouet.)

L'actuel siège de l'Ordre teutonique se trouve à **Vienne**, l'ancienne capitale des **Habsbourg**. L'intérieur de l'église renferme quelques œuvres d'art inestimables. (photo Uoaei.)

Conclusion